Idéologie de construction du territoire

5-7, rue de l'École-polytechnique ; 75005 Paris

http://www.librairieharmattan.com
diffusion.harmattan@wanadoo.fr
harmattan1@wanadoo.fr

ISBN : 978-2-296-13917-6
EAN : 9782296139176

Theuriet Direny

Idéologie de construction du territoire

L'Harmattan

Questions Contemporaines

Collection dirigée par J.P. Chagnollaud, B. Péquignot et D. Rolland

Chômage, exclusion, globalisation... Jamais les « questions contemporaines » n'ont été aussi nombreuses et aussi complexes à appréhender. Le pari de la collection « Questions Contemporaines » est d'offrir un espace de réflexion et de débat à tous ceux, chercheurs, militants ou praticiens, qui osent penser autrement, exprimer des idées neuves et ouvrir de nouvelles pistes à la réflexion collective.

Derniers ouvrages parus

Carlos Antonio AGUIRRE ROJAS, *Les leçons politiques du néozapatisme mexicain, Commander en obéissant*, 2010.
Florence SAMSON, *Le Jungle du chômage*, 2010.
Frédéric MAZIERES, *Les contextes et les domaines d'interventions de l'Attaché de Coopération pour le Français*, 2010.
Noël NEL, *Pour un nouveau socialisme*, 2010.
Jean-Louis MATHARAN, *Histoire du sentiment d'appartenance en France. Du XIIe siècle à nos jours*, 2010.
Denis DESPREAUX, *Avez-vous dit performance des universités ?*, 2010.
Vincent TROVATO, *Marie Madeleine. Des écrits canoniques au Da Vinci Code*, 2010.
Ricciarda BELGIOJOSO, *Construire l'espace urbain avec les sons*, 2010.
Collectif des médecins du travail de Bourg-en-Bresse, *La santé au travail en France : un immense gâchis humain*, 2010.
Cyril LE TALLEC, *Petit dictionnaire des cultes politiques en France*, 2010.
Steven E. Stoft, *Dépasser Copenhague : Apprendre à coopérer. Proposition de politique mondiale post-Kyoto*, 2010.
Bernard OLLAGNIER, *Communiquer, un défi français. De l'illusion du tout com' à la communication réelle*, 2010.
Jean-Pierre CASTEL, *Le déni de la violence monothéiste*, 2010.
Sergiu MIŞCOIU, *Naissance de la nation en Europe*, 2010.
Joëlle MALLET, Sophie GEORGES, *Une action sur l'emploi qui change tout*, 2010.
Alem SURRE-GARCIA, *La théocratie républicaine, Les avatars du Sacré*, 2010.

À Mauny Direny,
mon frère aîné

AVANT-PROPOS

Ce livre émerge d'une prétention, vieille de plus de dix ans, qui nous a été prêtée par l'anthropologue Rémy Anselme quand, au mois de janvier 1995, il a lu dans notre profil celui qui pouvait être le responsable de l'éducation civique au conseil électoral provisoire chargé d'organiser les élections présidentielles et législatives d'alors. Nous avons dû nous atteler à trouver de la matière pour camper un curriculum en adéquation à la finalité d'éduquer la population électorale. Plus le temps passe, plus nous nous engageons, plus nous nous rendons à l'évidence que nous faisions de la sensibilisation et de la mobilisation – qui sont deux finalités d'une information de masse – en lieu et place de l'éducation d'une population cible. Nous avons compris, dès lors qu'il s'agissait de deux activités « pédagogiques » ponctuelles qui, contrairement à l'éducation, ne s'inscrivent pas dans la durée, vu l'aspect limité de leur champ d'action dans le temps. En effet, elles répondent à une urgence ou, du moins, à un imprévu auquel est assujettie toute population qui n'est pas bien imbue des enjeux d'un phénomène auxquels elle fait face. Dans ce contexte, n'importe quel groupe (organisé/non organisé) peut, en l'absence de tout « consensus social », initier une démarche dont la finalité serait de déciller les yeux et de poser des problèmes inhérents à ce phénomène pour proposer à la population le mode de comportement circonstanciel à adopter. Ils sont nombreux les associations, groupes, ONG, etc. qui s'inscrivent dans cette logique. Le SIDA, les élections, l'environnement, une pandémie quelconque sont parmi ces urgences exploitées non circonscrites dans un cadre général de définition du citoyen. En conséquence, l'apport de ces organismes – dans le processus de mutation de l'Homme (l'être biologique) au citoyen (l'être social) – est quasi négligeable.

Ils sont légion ceux qui prennent les activités spécifiques de la sensibilisation et de la mobilisation pour de l'éducation civique ! La confusion à ce stade reste totale. Alors, un tel constat a interpellé notre intelligence ; et nous nous sommes dit que si l'éducation civique devait se réduire à ces deux notions elle serait vidée de tout son contenu sémantique. Le débat reste ouvert ! Le « séminaire de réflexion autour du civisme » – organisé par la Secrétairerie d'État à la Jeunesse, aux Sports et à l'Éducation civique « SEJSEC » du 20 au 22 novembre 1996 – nous a permis de discuter pendant des heures avec des « organismes à caractère civique » représentés en la circonstance par des intellectuels et « activistes » qui ne parlaient pas, tous, le même langage. Cependant, de ce choc des idées jaillissait la lumière qui allait éclairer la voie sur laquelle nous nous retrouvons aujourd'hui pour discourir sur le civisme. Ce séminaire a initié, à notre humble avis dans le cadre de la société haïtienne, en particulier, la démarche de conception et d'instrumentation de l'idéologie du civisme.

Malheureusement, ce fut une porte ouverte pour être refermée aussitôt, car les élites dirigeantes des États sous-développés sont prises dans la gestion de l'instant. La situation sociopolitique, une fois calme, ne fait plus penser au lendemain, voire s'en inquiéter. « *Time is money* » : la logique du prêt-à-porter ! Alors est reléguée au second plan toute réflexion qui peut conduire au durable. Ceci est pour parler de l'absence quasi totale de planification dans ces États. Mais, quand les revendications populaires risquent de handicaper, les activités socioéconomiques, des cris au patriotisme et au nationalisme se font entendre de partout. On songe, à ce moment-là, que la société peut s'effondrer faute d'avoir négligé de corroborer l'action des lieux de socialisation qui jouent le rôle de garant de la souveraineté du territoire. Et là, l'occasion est propice à une société civile qui s'improvise et qui monte au créneau : il faut sauver la situation ! Éduquer la population ! Fraternité et égalité sont les discours du moment. En fait, les élites dirigeantes revendiquent l'ordre pour venir à bout de leur désordre.

Cette observation nous amène dès lors à comprendre que le civisme a pour soubassement le territoire qui est l'espace d'implantation du citoyen et source de grands intérêts conflictuels qui peuvent provoquer l'éclatement de la « société des Hommes » qui s'y installe. Alors pour étouffer cet éclatement et faciliter la cohabitation, les Hommes ont fait appel à des obligations entendons par là les droits et devoirs. Le civisme alors ne peut pas se définir non plus en marge de ces obligations. Donc, cette trilogie : territoire, citoyen et obligations sont indispensables dans la compréhension du civisme. Plus le territoire est valorisé, plus le citoyen s'y identifie et plus est grande la propension à respecter les normes et principes de droit, au bon fonctionnement, de la société qui s'installe sur ce territoire. Cette hypothèse permet de tenir compte des notions de civilité, de conformisme, de patriotisme et de nationalisme. Le civisme, en effet, ne va pas à l'encontre de ces notions. Elles sont au contraire les caractéristiques de ses différentes formes de manifestation. Le civisme a aussi des manifestations à caractéristiques perverses par exemple : le fanatisme, la xénophobie, le chauvinisme... Ces deux formes de manifestation du civisme découlent du mode de manipulation, par les élites dirigeantes, des outils d'opérationnalité du civisme à savoir : l'instruction civique, l'éducation civique et le service civique.

Ces outils-là participent à la transformation de l'être biologique, qu'est le genre humain, d'abord en un être social et plus tard en citoyen. Il y a là un paradoxe diriez-vous, car le citoyen avons-nous dit est l'être social. Certes ! L'Homme ne naît pas citoyen. Le citoyen c'est l'Homme renforcé de l'être social qui est un processus long et complexe. Voilà ce qui va avec la territorialité : ce processus qui dicte le mode de comportement inter-citoyen digne d'un État sachant valoriser le « valorisable ».

La production, ainsi, a tout son sens, car produire c'est un rapport de valeurs : un rapport Homme/nature. Homme parce qu'il invente la technologie : l'instrument de transformation de la matière. Nature parce qu'elle porte en elle la matière qui engendre l'invention. Œuvre de l'esprit, en interaction avec la matière, l'invention ne se matérialise qu'après de longs temps de réflexion. L'humanité a vécu des millénaires dans l'âge de la pierre avant de produire la réflexion qui a donné naissance à la révolution industrielle, génératrice de la technologie informatique. Aucun territoire ne peut attendre de son peuple et/ou de ses citoyens le sentiment d'appartenance si ses élites dirigeantes ne valorisent pas la production ; si elles ne travaillent pas à les rendre productifs et compétitifs. C'est pour dire que le travail, en termes de production et d'emploi, valorise l'Homme, le citoyen, la société et le territoire. La défense de ce dernier, au propre comme au figuré, n'est possible qu'à ce prix. En effet, le citoyen pour s'engager dans la défense du territoire doit s'y identifier. Il ne peut pas l'être sans avoir accès à l'éducation, à la santé, aux loisirs, sans un emploi sinon sans le respect de ses droits les plus fondamentaux, etc. Il faut, en ce sens, que le territoire, via ses élites dirigeantes, se dote de ses propres moyens de défense qui ne vont pas sans la technologie et la science. Certes, le social, l'économique et le politique sont théorisés pour permettre une meilleure appropriation des réalités spécifiques susceptibles aux changements. Les théories ne sont pas une perte de temps comme laissent entendre certaines élites ; les idéologies non plus. « On ne mange pas théorie et idéologie » dit le vulgaire ! Mais, on se fait manger faute de ne pas pouvoir maîtriser son vécu dans le temps et dans l'espace. L'université en ce sens a toute sa raison d'être.

Toute la différence, entre « pays développés et pays sous-développés », réside dans la conception et l'exploitation faite de la « matière grise » source de production des théories et des idéologies. Seules les élites dirigeantes sachant bien les utiliser détiennent le secret du développement durable et font l'honneur et la dignité de leurs peuples et citoyens. Elles arrivent à maîtriser les situations les plus difficiles et à faire des projections dans le temps et dans l'espace grâce à des analyses prospectives. Elles sont conscientes que : « il n'y a pas d'ordre définitif du social, il y a toujours un désordre immanent qui le menace (...). Le désordre génère des troubles et des attentes qui participeront à la formulation du nouvel ordre ; des dynamiques de passages peuvent être discernées. »[1] Dans cet esprit les élites occidentales ont élaboré la théorie des conquêtes, vieille autant que le phénomène de la colonisation, qui leur a permis d'être, jusqu'aujourd'hui, les maîtres du monde. Paradoxalement, la finalité de ce phénomène et la violence qu'il a charriée font naître le civisme comme idéologie de domination et de résistance. Idéologie de domination quand c'est le conquérant qui l'utilise, au détriment des peuples du

[1] P. Ansart, 1990. *Les sociologies contemporaines*. Paris : Seuil, pp. 255-257.

territoire conquis ; ou bien quand pour exploiter le peuple de ce même territoire, les élites dirigeantes, identifiées au territoire même, l'utilisent. Idéologie de résistance quand les peuples du territoire conquis ou bien le peuple exploité entrent en guerre contre les conquérants ou les élites. Mais, le civisme en tant qu'idéologie est plus facile à expliquer, du moins plus compréhensible, quand il s'agit de politique à visée coloniale ou hégémonique d'un État par rapport à un autre État.

Il ne faut pas se leurrer sur les relations des États puissants en croyant qu'elles se réalisent en marge de cette visée-là. Le premier d'entre eux qui ose négliger la socialisation de ses citoyens à la territorialité ouvre une brèche pour se faire « supplanter » par un autre. Donc, l'interaction des États est toujours sous-tendue par des idéologies porteuses de vision hégémonique, il ne faut même pas parler des relations Nord/Sud qui sont l'expression de l'interaction entre États occidentaux et sous-développés. Cette dernière interaction, au regard de la théorie des conquêtes, est porteuse d'une violence cruelle qui déshumanise le genre humain. L'occident, paradoxalement, n'est pas le seul et principal responsable. Cela traduit tout simplement : le choix de certaines élites dirigeantes ; elles n'ont pas su valoriser ses lieux de socialisation et par ricochet ses ressources naturelles et humaines. Elles préfèrent jouer le rôle de subordonnés. Elles deviennent, ainsi, des complices du conquérant qui pour mieux s'approprier les ressources du territoire les favorise à prendre le pouvoir politique ; les encourage à appliquer à travers l'administration d'État la « loi de Parkinson ». Cela leur a permis de marginaliser les talents, au lieu de les valoriser et de diaboliser les têtes pensantes détentrices de la matière grise (la valeur des valeurs) créatrice de la science et de la technologie. Partant de cette attitude, elles créent les conditions de la migration de ces catégories socio-économiques (fuite des cerveaux) que l'occident a toujours convoitées en plus de la « terre rare » sur laquelle il fait main basse.

PREMIERE PARTIE : LE CIVISME DANS LA FONDATION DE LA SOCIETE

CHAPITRE I. — INTERACTION HUMAINE DANS LA CONCEPTION DU CIVISME

1.1. — Interaction humaine : la « pierre angulaire » des valeurs sociales

La problématique du civisme est liée à la représentation des valeurs d'une société. Il n'y a pas de société sans valeur et les valeurs sont la résultante des interactions humaines survenues au cours du processus d'adaptation de la vie humaine aux aléas multidimensionnels et aux multiples phénomènes que comporte la nature.

La société, elle-même, découle de ce processus. C'est pourquoi toute société est représentative des modes de vie et des conditions d'existence des Hommes. Valeur et société sont alors inséparables dans la compréhension du civisme dont l'éducation civique, l'action civique et le service civique en sont des corollaires. D'ailleurs, évoquer le civisme c'est parler de socialisation : le mode de transmission transcendantale, par excellence, d'attitudes de combativité, de solidarité, de respect, etc. (envers son territoire, sa patrie, sa nation, ses compatriotes…) ; des attitudes qui entrent dans l'habitude des peuples. L'habitude, dit-on, est une seconde nature !

Une fois acquises, ces attitudes deviennent l'âme des peuples et sont manifestes à des degrés différents dont le tout premier est la civilité ; c'est-à-dire l'épreuve au respect des règles du savoir-vivre et/ou de la convivialité : *« dire bonjour »* pour recevoir toute l'attention méritée est une coutume et devient une règle universelle de savoir-vivre, *« dire merci »* pour avoir bénéficié d'une faveur est de la même rengaine, *« s'il vous plaît »* ne dites pas que cette civilité, ce comportement de civilisé n'a rien à voir avec le civisme. Sans cette affabilité, l'intolérance à son égard est évidente et les portes de toute complicité collective resteraient fermées. La convivialité, d'abord, a un rôle indispensable dans l'évaluation des attitudes de l'Homme à s'adapter et à interagir tant avec lui-même, qu'avec la nature.

Il ne s'agit pas de considérer l'adaptation seulement sous l'angle « d'ajustement à des conditions données ; elle consiste aussi dans l'effort qu'exige le passage à un état plus satisfaisant, plus productif, ou encore à un état qui correspond mieux aux aptitudes latentes et aux énergies disponibles. L'adaptation n'est donc pas seulement passive, elle est aussi une forme de créativité et d'innovation. »[2] Dès lors, il faut considérer les valeurs comme étant créées par l'Homme, dans un transfert réciproque de compétence et d'énergie, entre lui et la matière, à partir de sa vision de l'utilité, du nécessaire, de l'indispensable, de l'agréable, du beau... que la matière porte en elle-même (valeur intrinsèque) et que l'Homme, grâce à son intelligence, arrive à faire éclore en dépouillant la matière de son enveloppe pour laisser apparaître son contenu. « Il est impossible de concevoir comment un Homme aurait pu par ses seules forces, sans le secours de la communication et sans l'aiguillon de la nécessité, franchir un si grand intervalle. »[3]

Contrairement à ce qu'on peut penser, tout est matière une fois qu'elle peut provoquer ce transfert réciproque de compétence et d'énergie. La société en est une. Elle dégage des énergies qui font appel à la compétence des Hommes, à la communication Homme/Homme ; Homme/matière pour une gestion d'ensemble et une parfaite accommodation. Aucune société ne peut prétendre négliger la quête incessante d'une telle accommodation.

Le civisme, d'entrée de jeu, se démarque de la pensée des néoclassiques qui ont popularisé l'homo œconomicus : le héros du roman de Daniel Defoe (*The live and adventures of Robinson Crusoe*, 1808) baptisé du nom de Robinson Crusoe : un Homme insulaire vivant en autarcie loin du monde communicatif, d'interface et d'échange. Or, il n'y a que l'interaction entre les Hommes qui puisse établir les mécanismes d'accommodation sociale. « L'intérêt individuel, trop fluctuant, ne peut pas assurer la pérennité du lien social. »[4] Donc, il ne saurait être question de

---

[2] G. Rocher 1968. *Introduction à la sociologie générale (L'organisation sociale)*. Montréal : Éditions HMH, p.73. t.2.

[3] J-J. Rousseau, 2006. *De l'inégalité parmi les Hommes*. Allemagne : Librio, p.35.

[4] G. Ferréol, J-P. Noreck 1996. *Introduction à la sociologie*. Paris : Armand Colin/Masson, p.8.

génération spontanée. Alors, penser l'action humaine sous l'angle de changement social c'est se démarquer radicalement de la logique de Robinson Crusoe.

Les néoclassiques se versent, ainsi, en plein dans l'imaginaire d'une société sans conflit et en marge de toute forme de contradiction. En fait, Robinson n'incarne pas le symbolisme de l'interaction humaine puisque le marché qui aurait pu être le signifiant, c'est-à-dire le milieu de la formation de la conscience de soi[5], est totalement absent. Une telle façon de penser tient-elle compte des rapports de la production ? Si oui, les valeurs produites sont-elles soumises à l'échange ? Robinson n'est-il pas la négation de toute forme de reproduction sociale, démographique et économique ?

Selon C. Mouchot : « Nous avons ici une véritable réduction à l'absurde : la société réduite à un individu ! Que cela facilite la tâche est clair : l'équilibre de Robinson est assuré et stable, Robinson consommateur contrôle effectivement Robinson producteur (et on imagine mal, le premier « exploiter » le second !) Cette vision de la société est absurde, car elle implique l'affirmation de la transparence de la société de la présence immédiate de chacun à tous : les producteurs sont présents aux consommateurs comme Robinson producteur est présent à Robinson consommateur. En ce sens, cette réduction ne fait qu'expliciter ce qui est implicite dans la théorie de l'équilibre général… »[6]

Pour B. Guerrien, il n'est cependant pas possible d'en rester là : les échanges et les prix sont au cœur de la réflexion économique et évidemment ils supposent plus d'un individu. « L'homo œconomicus est supposé être rationnel, ce qui veut dire en économie, que ses critères de choix sont cohérents, et qu'ils sont guidés par un calcul-comparaison des coûts et des avantages. Mais cohérence et capacité de calcul ne suffisent généralement pas à

[5] Référence à la philosophie d'Hegel qui renvoie à la réflexion sur l'identité du moi.
[6] C. Mouchot 2003. *Méthodologie économique*. Paris : Éditions du seuil, p.248.

déterminer des choix clairs et précis. En effet, hormis Robinson Crusoe, le résultat du choix d'un individu dépend de celui des autres – qu'il ne contrôle pas à priori – et du cadre institutionnel dans lequel il a lieu. D'où l'importance des interactions possibles des décisions, de la connaissance que peut en avoir chacun (donc de l'information dont ils disposent) et de leurs croyances concernant les choix et les réactions des autres. »[7]

La théorie des jeux a battu en brèche la théorie néoclassique qui fait de l'isolationnisme le principe de base de la rationalité de l'homo œconomicus. Elle renforce les critiques qui mettent en lumière les limites de l'individualisme, totalement, à l'antipode de l'interaction humaine. P.Cahuc, analysant des comportements des agents dans différents environnements stratégiques, arrive à la conclusion suivante : « Contrairement à l'intuition de Smith, la théorie des jeux montre que les décisions individuelles, égoïstes sont le plus souvent incompatibles avec l'intérêt général. En l'absence de communication, les individus font des choix qui impliquent des gaspillages de ressources. La « main » est d'autant plus inefficace qu'elle est invisible. »[8]

L'interaction est, dès lors, l'union « des mains » et non des « mains invisibles » dans la mesure où l'on se tient à la théorie de « la conscience de soi ». Mes mains en tant qu'Homme si elles me rendent efficace c'est parce que selon Hegel : « La conscience que j'ai de moi-même est le produit dérivé d'un entrecroisement des perspectives. Ce n'est que sur la base de la reconnaissance réciproque que se forme la conscience de soi (…) Hegel conçoit le moi comme l'identité de l'universel et du singulier. Le moi est l'universel et le singulier en même temps. »[9]

---

[7] B. Guerrien, M. Benicourt, 2008. *La théorie économique néoclassique (Microéconomie, macroéconomie et théorie des jeux).* Paris : Éditions la découverte, p.5.

[8] P. Cahuc, 1998. *La nouvelle microéconomie.* Paris : Éditions La Découverte & Syros, p.106.

[9] J. Habermas, 1973. *La technique et la science comme « idéologie ».* Paris : Éditions Gallimard, pp.168-170.

L'individualisme méthodologique à ce sujet (sans vouloir rouvrir un débat, entre lui et l'holisme) n'éclaire pas la voie à suivre pour arriver à cerner l'interaction humaine. Même, l'holisme dans le cadre du civisme paraît une vision réductrice ; une vision insuffisante à faire comprendre : 1) le pourquoi les Hommes sont-ils obligés d'interagir, 2) le comment pour qu'ils ne continuent pas à s'autodétruire et 3) la formule qu'il leur faut pour la reproduction de l'espèce et de la société. L'interaction humaine dans le cadre du civisme doit partir de champs de vision beaucoup plus large aptes à cerner l'existence de l'être et sa transformation dans le temps comme dans l'espace. Doit-on recourir à l'existentialisme ? Tel n'est pas notre point de vue puisque, lui aussi est une vision minimaliste de l'Homme qui ne traduit pas tout à fait l'interaction humaine. Il faut, de ce fait, partir des paradigmes fondamentaux à savoir : la création et l'évolution ; paradigmes sur lesquels sont greffés les deux grands courants traditionnels de pensée : le matérialisme et l'idéalisme. La création et l'évolution sont toutes deux des perceptions du monde qui englobent tous les types d'interaction de l'existence. Elles vont d'abord de la réalité au réel et ensuite du réel à la réalité.

L'interaction est définie par J. Habermas, comme une activité communicationnelle[10]. Prêtons sa définition comme étant un outil, à la fois, conceptuel et méthodologique pour tirer au clair l'interprétation appropriée aux paradigmes : création et évolution et, du coup, déterminer entre les deux le dénominateur commun qui permettra de comprendre qu'il s'agit de deux approches différentes, mais qui sont, idéologiquement, exploitées pour aboutir à une même finalité à savoir : produire des valeurs tant spirituelles que matérielles pour donner corps à des idéaux auxquels une communauté d'Hommes va s'identifier.

C'est sur la foulée de cette production, via les contradictions engendrées, que prend naissance le civisme.

[10] Ibid. p. xxxviii.

1.2. — Interaction humaine et les paradigmes création et évolution

Quel que soit l'angle paradigmatique considéré, évolution ou création, l'action humaine paraît déterminante. Elle dynamise le système social en lui apportant le liant nécessaire au fonctionnement harmonieux des éléments qui le constituent pour produire le changement social. L'Homme est donc acteur de ce changement.

Pour G. Rocher, l'action humaine est à la fois sociable et sociale. Elle est, d'abord, sociable parce qu'elle s'inscrit dans une structure d'action qui lui est fournie par des normes ou règles collectives ou communes dont elle doit s'inspirer (...), dans ce contexte, « l'action sociale se présente comme un système d'éléments interdépendants. »[11] Elle est, ensuite, sociale par ce qu'elle est symbolique c'est-à-dire évocatrice d'une réalité sociale qui remplace, qui tient la place d'une autre réalité sociale. [...] « Ce symbole requiert trois éléments : 1er) un signifiant, qui est l'objet qui tient la place d'un autre, c'est-à-dire le symbole lui-même, au sens strict du terme ; 2e) un signifié, la chose dont le signifiant tient lieu ; 3e) la signification, qui est le rapport entre le signifiant et le signifié, rapport qui doit être perçu et interprété au moins par la personne ou les personnes à qui s'adresse le symbole. »[12]

Les paradigmes création et évolution, en tant que mode de perception du monde, ont respectivement leur symbole propre déterminant l'action humaine ; symbole qui fait interagir l'Homme. J. Piaget parle d'influence réciproque pour traduire cette double interaction de l'Homme tant avec lui-même qu'avec la nature. Selon lui : « le rapport entre le sujet et l'objet matériel modifie le

---

[11] G. Rocher, 1968. I*ntroduction à la sociologie générale (L'organisation sociale*). Montréal : Éditions HMH, p.145 t.2.

[12] G. Rocher, 1968. *Introduction à la sociologie générale (l'action sociale).* Montréal : Éditions HMH, pp.43-48, t.1

sujet et l'objet à la fois par assimilation de celui-ci à celui-là et accommodation de celui-là à celui-ci... »[13]

Le processus d'adaptation de la vie humaine à la nature est dans la logique de cette influence réciproque qui ne se fait pas sans manipulation de symboles. Ainsi, l'Homme, dans la signification qu'il cherche à donner à la matière pour se l'approprier ou s'en débarrasser, participe pleinement à la production de valeurs dont le travail serait l'élément symbolique sinon l'action explicative ou la finalité de ce processus.

J. Habermas dans ses remarques sur « la philosophe de l'esprit » de Hegel à Iéna, après avoir analysé la théorie de la conscience de soi où le sujet (le moi) apprend à se voir avec les yeux d'un autre sujet, a souligné l'importance des symboles dans le processus de la formation du moi ; processus qui traduit l'union dans la communication entre des sujets opposés. Comme milieu pour ce processus de formation, à côté de la famille, Hegel développe et thématise en tant que milieux : le langage et le travail. « Le langage dont il s'agit n'implique pas encore la communication des sujets agissant ensemble, il ne désigne que l'utilisation de symboles par l'individu solitaire qui est confronté à la nature et donne des noms aux choses.

« [...] En tant qu'il est le nom donné aux choses, le symbole a une double fonction. D'un côté, la vertu de la représentation réside dans le fait de rendre présent quelque chose qui n'est pas donné immédiatement dans un autre qui, quoique donné immédiatement, n'est pas là pour lui-même, mais à la place d'un autre. Le symbole représentatif annonce un objet ou un état de choses en tant qu'autre et il le désigne dans sa signification pour nous.

« D'un autre côté, c'est nous-mêmes qui avons produit nos symboles. C'est en passant par eux que la conscience devient pour elle-même objective et c'est en eux qu'elle fait l'expérience d'elle-même comme sujet. [...] Pour que la nature puisse se constituer

[13] J. Piaget, 1965. *Études sociologiques*. Genèvre : Librairie Droz, p.30-31 ; voir G. Rocher in l'action sociale, p.23.

comme monde, d'un moi il faut donc que le langage remplisse la fonction d'une double médiation : d'un côté la dissolution et le maintien de la chose intuitionnée, dans un symbole qui représente la chose, et d'un autre côté une distanciation de la conscience par rapport à ses objets – le moi étant, à travers ces symboles qu'il a lui-même produits, en même temps auprès des choses et auprès de soi-même. »[14]

1.2.1. — Interaction humaine au vu du paradigme création

La création, dans ses approches explicative et pragmatique du monde et de son environnement, permet d'évoquer ou du moins d'apprécier le créationnisme philosophique et le créationnisme dit scientifique. Celui-là stipule que la matière et/ou l'esprit ont été créés par une action qui lui est extérieure et celui-ci serait, de ce fait, la volonté d'attribuer un aux récits des textes sacrés fondement scientifique.[15]

Si l'on reste dans la logique d'un tel champ de vision, on verra que ceux-là mêmes qui s'en inspirent – pour montrer que l'Homme n'est qu'un objet aux mains de forces surnaturelles – sont obligés de libérer l'Homme de ces forces pour lui prêter un rôle interactif. À lire la Bible dans le livre de la Genèse, on comprend que l'interaction est d'abord esprit (Dieu/Satan) pour être ensuite Homme (Adam/Eve) et pour devenir plus tard Homme/Nature.

À souligner le symbolisme de la nature : le Jardin d'Éden (le paradis). Mais, Éden aussi, comme le symbolisme du marché, de l'Agora avant la lettre : le lieu de rencontre et de négociation entre cette nature et l'Homme ; entre l'Homme et l'Homme. Ce double symbolisme d'Éden est déterminant dans la démarche explicative de l'interaction humaine et de celle de la condition d'existence des Hommes à travers le temps et l'espace. Le « fruit défendu » est la matière qui, de par ses énergies, fera entrer en ligne de compte, des compétences qui agissent entre elles-mêmes jusqu'à provoquer un

---

[14] J. Habermas, op. cit., pp. 181-184.
[15] G. Lecointre, Évolution et créationnismes, 21 novembre 2007 (http://www.cnrs.fr/cw/dossiers/dosevol/decouv/ articles/chap1/lecointre1.html).

changement que peut-être tous méconnaissaient, sauf Dieu dans sa prescience. Cependant, Dieu dans sa bonté a-t-il refusé de révéler la vérité à l'Homme, pour avoir déjà connu la force que l'Homme devrait déployer pour arriver à survivre et à vivre sinon pour s'adapter à la nature ?

Il est écrit dans le livre de la Genèse 3 aux versets 17 à 19 de la Bible : « Tu as écouté la suggestion de ta femme et tu as mangé le fruit que je t'avais défendu. Eh bien par ta faute, le sol est maintenant maudit. Tu auras beaucoup de peine à en tirer ta nourriture pendant toute ta vie (...) tu gagneras ton pain à la sueur de ton front... » Ainsi, au regard de la création, Dieu venait d'instituer le travail comme mode d'activité que l'Homme doit pratiquer pour pouvoir survivre.

L'appropriation de la force de travail de l'esclave, du serf, du prolétaire – par le maître, le seigneur et le capitaliste – n'a-t-elle pas condamné l'Homme, effectivement, à peiner toute sa vie pour trouver de quoi vivre ? Le maître, le seigneur et le capitaliste, à leur tour, n'ont-ils pas participé, au péril de leur vie, à tous types de combines pour devenir propriétaires de la force de travail de l'Homme et pour maintenir le statu quo ? N'ont-ils pas eux-mêmes, aussi, suite à leurs attitudes, fait naître : de la mafia, des associations de malfaiteurs, du kidnapping desquels ils deviennent souvent eux-mêmes des victimes ?

Différents types de peine pour différents types d'Hommes voulant gagner leur pain à la sueur de leur front !

Eve par son action d'offrir à Adam le fruit défendu et Adam par son action d'accepter la proposition d'Eve a-t-il bouleversé un plan préétabli ? Dans leur interaction ont-ils, en marge des explications de la doctrine de l'église, remis en question la prescience divine ?

Quoi qu'on pense, leur interaction fait intervenir le travail en tant qu'institution d'organisation des activités productrices des besoins humains. Était-il prévu que – dans le contexte de la création, ou dans le dessein de Jéhovah – l'Homme s'y adonnerait ?

L'intention n'est pas de commenter et/ou d'analyser des versets bibliques. L'important est de dégager le rôle de l'interaction humaine. Sous cet angle, le paradigme de la création présente l'Homme d'abord, par rapport à lui-même et ensuite, par rapport à la nature sur laquelle il est condamné à agir s'il veut survivre à un ensemble d'aléas y relatifs. Le paradigme de la création, de ce point de vue, doit-on le considérer comme étant en total désaccord avec celui de l'évolution ?

1.2.2. — Interaction humaine au vu du paradigme évolution

L'évolution serait le nom donné à un mode de pensée qui explique l'apparition de la vie sur terre et de ses transformations. Il faut remonter au XVIIe siècle avec la critique du droit naturel par Grotius et Pufendorf – dans leur œuvre respective : *De Jure Belli Ac Pacis* publié en 1625 ; et le *Droit de la nature et des gens* publié en 1672 – pour comprendre, plus ou moins, le fondement de ce paradigme. La doctrine du droit divin, remise en question par ces deux grands jurisconsultes, influença Rousseau et la plupart des philosophes du XVIIIe siècle[16]. Par contre, Charles Darwin aurait été à la base de la conception de l'évolution depuis la parution de son livre : *L'origine des espèces* en 1859. Tous ceux-là qui adhèrent à cette conception sont d'avis, quasi unanime, que la vie et ses transformations n'obéissent pas à une volonté supérieure ou à un projet qui serait inscrit dans les profondeurs de l'être de la nature.[17] Ils font appel au matérialisme qui sous-tend l'idée que « le monde réel est constitué de matière y compris les manifestations très intégrées de celle-ci (esprit, société, etc.), que la matière, quelle que soit la description que l'on peut en faire, est incréée et porte en elle-même les ressources de son propre changement. »[18]

[16] M. Abélès, 1990. *Anthropologie de l'État*. Paris : Armand Colin, p.13.
[17] M. Gordon. *La théorie de l'évolution*, 13 novembre 2007 (http://www.cvm.qc.ca/encephi/CONTENU/articles/evolution.htm.)
[18]G. Lecointre, Évolution et créationnismes, 13novembre 2007 (http://www.cnrs.fr/cw/dossiers/dosevol/decouv/articles/chap1/lecointre1.html.)

Karl Marx et Friedrich Engels, sont les maîtres à penser du matérialisme qu'ils ont emprunté à Hegel, mais qu'ils ont dépouillé de son caractère utopique au regard de l'Histoire. Ils ont aussi été influencés par l'œuvre du sir Henry James Summer Maine : *Ancient Law,* publiée en 1861 et celle de Lewis Henry Morgan *:* *Ancient Society,* publiée en 1877. Ce livre-ci « fut en son temps célébré par Marx et Engels comme, la première tentative conséquente d'offrir une interprétation matérialiste du monde des primitifs et de l'évolution des sociétés humaines. »[19]

L'Histoire est omniprésente dans l'œuvre de Marx et d'Engels, ils vont jusqu'à affirmer : « nous ne connaissons qu'une seule science, celle de l'Histoire »[20]. Les philosophes allemands du XIXe siècle (notamment Hegel) considèrent que l'Histoire est dominée par les idées. Pour Marx et Engels, au contraire, l'Histoire vraie, celle que nous devons retenir, doit être concrète. Elle doit rendre compte du monde réel, c'est-à-dire de l'Homme. Elle ne doit pas traiter des idées, et pour cela Marx et Engels se proposent d'étudier l'Histoire sous son aspect matériel : c'est le matérialisme historique. Ainsi, la nature et les individus vivants déterminés ayant une activité productrice, sont les présuppositions matérialistes de l'Histoire. C'est à partir de ces présuppositions ; que procède la mise en marche de l'Histoire en général. C'est pourquoi dans leurs analyses Marx et Engels, montrent qu'avant toute description historique, le premier fait historique est l'assouvissement des besoins primaires. C'est à partir de cette satisfaction de ce besoin, que vont naître de nouveaux besoins. Ce sont donc besoins et besoins nouveaux qui conditionnent un système de liens matériels entre les Hommes ; système qui prend sans cesse de nouvelles formes et présente une Histoire... Enfin, c'est que les Hommes qui renouvellent chaque jour leur propre vie se mettent à créer d'autres Hommes, à se reproduire. La reproduction est ce qui rend possible l'Histoire,

[19] M. Abélès, op. cit. p.11.
[20] *Le matérialisme dialectique et le matérialisme historique.* 20 octobre 2007 (http://classiques.chez-alice.fr/staline/diamat.html.)

définie dans *l'idéologie allemande* comme une succession de différentes générations.[21]

Dans ce cadre, Marx part du fait que le rapport premier et fondamental qui exprime cette nécessité de maintenir les Hommes en vie est celui de l'Homme avec la nature puisque l'Homme tire de cette dernière ses moyens de subsistance. Et ce rapport fondamental entre l'Homme et la nature s'effectue par le travail l'activité qui lui permet de produire ces moyens. Ainsi, dans cette production, dans cette activité fondamentale qu'est le travail, il y a trois éléments qui se dégagent à savoir : 1) *la force de travail*, constituée par l'énergie humaine dépensée dans le travail, par la force musculaire et intellectuelle de l'Homme ; 2) *l'instrument de travail*, qui est constitué par les outils, les instruments et l'infrastructure nécessaire à l'Homme pour produire ses moyens de subsistance ; 3) *l'objet du travail*, qui est la nature elle-même (matières brutes ou matières premières qui ont déjà subi une modification). L'instrument de travail et l'objet de travail constituent eux-mêmes un autre élément : *les moyens de production.* Enfin, Marx désigne l'ensemble de ces éléments fondamentaux de la relation Homme/nature via le travail sous le nom de *forces productives.*[22] Les rapports de classes autour du procès de la production sont les caractéristiques de l'interaction humaine ; rapports qui peuvent devenir antagoniques jusqu'à faire basculer les Hommes dans la guerre.

1.2.3. — Création ou évolution : une lecture similaire de la production

Que vous vous inspiriez de la création ou de l'évolution, le travail est incontournable dans l'existence humaine. Il culmine vers la production qui peut prendre différentes formes, mais dont toutes répondent à une seule et même finalité : la commodité humaine.

---

[21] *La production*, 15 août 2008 (http://www.cnam.fr/lipsor/dso/articles/fiche/ideo-allemande.doc.)

[22] *La production,* 15 août 2008 (http://www.sap-pos.org/fr/marxisme/formation/le_materialisme_historique.htm) tiré de *L'idéologie allemande*, Marx/Engels, Éditions sociales.

Les services et les biens produits sont-ils contraires à cette finalité ? La réponse est paradoxale dans la mesure où pour atteindre cette finalité il faut détruire pour construire. En effet, pour produire la connaissance il faut détruire l'ignorance ; pour produire le blé, il faut détruire la broussaille… Toutes choses étant égales par ailleurs : pour produire le bien, il faut détruire le mal. Le contraire de ces propositions est aussi vrai. Il faut faire régner l'ignorance pour combattre la connaissance…

Il s'agit d'une question de choix ou de coût d'opportunité pour répéter les économistes. Cet aspect paradoxal fait de la production un trait d'union entre des idéologues, de différentes tendances, amenés à faire bouger une situation sociopolitique et économique dans un sens ou un autre. De ce point de vue, la production constitue un lieu commun de tentative d'explication ou d'appropriation, de la réalité humaine par des idéologues, au regard du paradigme qui leur semble approprié à leur finalité.

Il est incontestablement vrai que quelque soit l'angle paradigmatique d'observation, la production ne prête pas à équivoque quant à sa fonction d'engendrer sinon de provoquer l'influence réciproque et/ou l'interaction d'abord entre l'Homme et la nature ensuite entre les Hommes eux-mêmes. Les idéologues créationnistes, à ce niveau, peuvent trouver un terrain d'entente ou peuvent être des complices ; puisqu'il s'agit ici de comprendre, à travers la production, le phénomène d'exploitation de l'Homme par l'Homme pour, ou bien maintenir le statu quo, ou bien dégager les rapports de force à des fins d'une meilleure appropriation de la matière.

Dans cet ordre d'idées, le cadre théorique du créationnisme et celui du matérialisme historique (mis à part toutes considérations marxistes-léninistes), peuvent être utilisés pour cerner le travail comme le symbole des actions entre les Hommes dont la production est le signifiant, les interactions humaines le signifié et les différents modes de production économique (esclavagisme, féodalisme, capitalisme…) la signification.

La ligne de démarcation entre les idéologues est à rechercher au niveau de la signification du travail. C'est là, en effet, que se dessine toute la superstructure de domination qui, en peu de mots, se manifeste ; dans le comportement sociétal des élites économiques et politiques qui peuvent privilégier un type de cohabitation de modes de production au détriment d'un autre.

Le civisme ne va pas sans cette superstructure de domination dont il est la méthode. Il est le garant de la territorialité en montrant la voie à suivre pour garder l'équilibre entre les classes sociales, éviter la dérive d'un commandement pouvant faire basculer en partie ou totalement la soumission au détriment de la souveraineté territoriale. C'est pour dire que l'assouplissement de la domination est son point fort. Il fraie toujours la voie vers le consensus. Il vient concourir au pouvoir politique qui selon G. Balandier : « organise la domination légitime et la subordination et crée une hiérarchie qui lui est propre. »[23] La production – vu les types de rapport contradictoire qu'elle engendre ; des types de rapport qui sont souvent antagonique, n'était-ce pas le civisme – pourrait provoquer, l'éclatement total de cette superstructure de domination.

Allons, brièvement, voir les différentes lectures de la production selon les idéologies créationniste et matérialiste.

i. — Une lecture créationniste de la production

M. Weber, dans son œuvre : *L'Éthique protestante et l'esprit du capitalisme*, parcourt deux ouvrages du pasteur Richard Baxter : *Saints everlasting rest,* et *Christian directory.* En parcourant ces ouvrages du pasteur, il a observé les liens qui existent entre les idées religieuses du protestantisme ascétique, du puritanisme, du calvinisme, du luthérianisme… et des maximes à l'usage de la vie économique. En peu de mots, il met en relief la signification du travail à travers des doctrines de l'église.

---

[23] G. Balandier, 1967. *Anthropologie politique.* Paris : Presses universitaires de France, p.92.

Baxter supprime toutes les échappatoires au devoir moral de travailler qui faisaient croire : que la richesse constitue un danger grave ; ses tentations sont incessantes ; la rechercher est insensé et que la forme la plus haute de productivité monastique revenait à accroître le « Thesaurus Ecclesiae » par les chants et les prières.

Au contraire, il croit que : la divine providence a prévu pour chacun sans exception un métier qu'il doit reconnaître et auquel il doit se consacrer. Et ce métier ne constitue pas comme pour le luthéranisme, un destin auquel on doit se soumettre et se résigner, mais un commandement que Dieu fait à l'individu de travailler à la gloire divine. [...] Ce que Dieu exige, ce n'est pas le travail en lui-même, mais le travail rationnel à l'intérieur d'un métier. [...] L'utilité d'un métier, l'approbation que Dieu lui accorde, se mesure d'abord, il est vrai, selon la morale ; ensuite selon l'importance des biens qu'il fournit à la communauté ; de plus, ce troisième point est pratiquement le plus important selon l'avantage économique qu'il procure. Car si Dieu, que le puritain voit à l'œuvre dans toutes les circonstances de la vie, montre à l'un de ses élus une chance de profit, il le fait à dessein. Partant, le bon-chrétien doit répondre à cet appel : si Dieu vous désigne, tel chemin dans lequel vous pouvez légalement gagner plus que dans tel autre (cela sans dommage pour votre âme ni pour celle d'autrui) et que vous refusiez le plus profitable pour choisir le chemin qui l'est moins, vous contrecarrez l'une des fins de votre vocation, vous refusez de vous faire l'intendant de Dieu et d'accepter ses dons, et de les employer à son service s'il vient à l'exiger. Travailler donc à être riches pour Dieu non pour la chair et le péché.

Si on la poursuit dans le dessein de vivre plus tard joyeux et sans souci, la richesse n'est que tentation de la paresse et scabreuse jouissance de la vie. Au contraire, dans la mesure où elle couronne l'accomplissement du devoir professionnel, elle devient non seulement moralement permise, mais encore effectivement ordonnée. C'est ce que paraissait exprimer sans détour la parabole du serviteur chassé pour n'avoir pas fait fructifier, le talent que lui avait confié son maître.[24]

ii. — La lecture matérialiste de la production

N. Doubinine, I. Karpiets et V. Koudriavtsev, s'inspirant du matérialisme historique de Marx et Engels, écrivent : « Sans le travail, l'ancêtre de l'Homme ne serait jamais devenu un Homo sapiens. Il est indéniable que le[25] premier acte historique (...) de ces individus, par lequel ils se distinguent des animaux, n'est pas qu'ils pensent, mais qu'ils se mettent à produire leurs moyens d'existence. »[26] Le travail est une valeur qui produit des valeurs et qui a une double composante : le travail abstrait et le travail concret. Pourquoi d'après Marx faut-il en tenir compte ? C'est pour pouvoir apprécier la durée de temps mis par l'Homme en amont de l'objet créé qui devient une valeur. Le travail, ici, est aussi synonyme du temps sacrifié par l'Homme dans la création de l'objet qui représente le travail concret. La vraie valeur de l'objet pour Marx ne réside pas dans ce qu'on voit en tant que réalité, mais, bien dans cette durée de créativité dont seul le producteur soit réellement conscient. Et c'est seulement à ce moment qu'on peut déterminer la valeur d'échange correspondant au prix de l'objet. « *Time is money* » ! La parabole du serviteur chassé fait référence à ce temps qu'il n'a pas voulu sacrifier au service du maître. Il n'a pas fait preuve d'esprit créatif. Il n'est pas interactif. Donc, il n'est pas fait pour le monde du travail (l'espace des valeurs) qui ne réclame que l'échange des facultés humaines en termes d'activités. Un Homme ne peut pas en être, totalement, dépourvu. S'il n'a pas « la faculté d'abstraction (qui) est un pouvoir créateur de l'esprit humain, une faculté qui est issue de la nécessité de fixer les processus de travail et d'acquisition des

---

[24] M. Weber, 1964. *L'éthique protestante et l'esprit du capitalisme.* Paris : Plon, pp.186-197.

[25] N. Doubinine, 1985. *Génétique, comportement, délinquance (de la nature des actes antisociaux et des moyens de les prévenir).* Moscou : Éditions du progrès, p.14.

[26] K. Marx et F. Engels, 1968. *L'idéologie allemande.* Paris : Éditions sociales, p.45.

connaissances, renouvelés un grand nombre de fois. »[27], il doit au moins être en mesure de pouvoir exercer l'activité professionnelle spécifiquement réservée à l'Homme. En effet, au cours du procès de la production il y a ceux-là qui conçoivent la production et d'autres qui, partant de cette conception, mettent à profit leur force physique pour produire des biens et services.

C'est pourquoi, « dans la production, dit K. Marx, les Hommes n'agissent pas seulement sur la nature, mais aussi les uns sur les autres. Ils ne produisent qu'en collaborant d'une manière déterminée et en échangeant entre eux leurs activités.

« [...] Ils entrent en relations et en rapports déterminés les uns avec les autres, et ce n'est que dans les limites de ces relations et de ces rapports sociaux que s'établit leur action sur la nature, que se fait la production. Il suit de là que la production, le mode de production, englobe tout aussi bien les forces productives de la société que les rapports de production entre les Hommes, et est ainsi l'incarnation de leur unité dans le processus de production des biens matériels. »[28]

Ces biens sont à la base de la richesse de la société et suscitent la convoitise des Hommes qui en ont besoin pour leur bien-être. Le processus même du travail, selon N. Doubinine, devient pour l'Homme un besoin inhérent.

1.3. — L'interaction humaine : un paradoxe générateur de valeurs

Bronislaw Malinowski, dans son ouvrage posthume : *Une théorie scientifique de la culture* (1944) évoque, le concept culture pour expliquer ce processus qui traduit non une acceptation de la réalité, comme elle existe, mais une transformation de la réalité au regard des besoins. À ce propos, il fait appel à la théorie des

---

[27] N. Doubinine et al, op.cit., p.29.

[28] *Le matérialisme dialectique et le matérialisme historique.* 20 octobre 2007 (http://classiques.chez-alice.fr/staline/diamat.html.)

besoins entendons par là : « le système de conditions qui dans l'organisme humain, dans le cadre culturel et dans le rapport qu'ils entretiennent tous deux avec le milieu naturel, est nécessaire et suffisant pour que le groupe et l'organisme survivent. »[29] À la lumière de cette théorie, les besoins sont considérés comme des variables par rapport au temps et l'espace ; donc variables par rapport aux générations d'Hommes. Ainsi, chaque génération d'Hommes découvre la nature non en raison de ce qu'elle devrait être ; mais en fonction des transformations antérieures. « Chaque nouvelle génération, à son entrée dans la vie, trouve des forces productives et des rapports de production tout prêts, créés par le travail des générations précédentes ; aussi chaque génération nouvelle est-elle obligée d'accepter au début tout ce qu'elle trouve de prêt dans le domaine de la production et de s'y accommoder pour pouvoir produire des biens matériels. »[30] Chaque génération est donc contrainte à agir sur la nature et le travail a toujours symbolisé cette action. Adam Smith, David Ricardo et Karl Marx considèrent le travail comme étant une valeur et, pourquoi serait-il exagéré de dire, une valeur à doubles aspects : d'abord, il est l'instrument de transformation, ensuite il permet d'apprécier ou de mesurer le temps de transformation.

Plusieurs types de valeurs en sont tributaires et peuvent se regrouper tous sous le générique de valeurs sociales (humaine, économique, culturelle, etc.). Les valeurs sociales, qu'on le veuille ou non, sont indiscutablement immatérielles et matérielles. Elles n'existent pas sans l'efficacité des membres de la société, particulièrement des élites dirigeantes responsables de la socialisation, ou du moins, de l'insertion de la jeune génération. Cependant, en termes de valeur, il faut considérer l'aspect immatériel comme une étape, un passage vers la matérialisation. L'esprit est immatériel, mais quand dans son interaction avec la matière il fait éclore des solutions, un résultat quelconque, il

---

[29] La culture, 12 septembre 2008 (http://classiques.uqac.ca/classiques/malinowsli/theorie_culture/theorie_culture_quoi.html.)

[30] *Le matérialisme dialectique et le matérialisme historique.* 20 octobre 2007 (http://classiques.chez-alice.fr/staline/diamat.html.)

devient matière : matière grise ; c'est-à-dire exploitable à toutes fins utiles.

On est en plein dans un paradoxe qu'on ne peut pas éviter si l'on veut cerner la réalité du civisme qui réfère à la trilogie : le territoire, le citoyen et les obligations. Toutes les valeurs sociales émergent de ce paradoxe. Les valeurs, une fois créées il revient à se demander : sont-elles l'œuvre de la société ou de l'Homme en tant qu'individu ? L'Homme existe-t-il en marge de la société ? La société existerait-elle sans l'Homme ? Lequel des deux est antérieur à l'autre ? Sont-ils indispensables entre eux ?

Les règles de la méthode sociologique précisent : « Si chercher le paradoxe est d'un sophiste, le fuir, quand il est imposé par les faits, est d'un esprit sans courage ou sans foi dans la science. » (E. Durkheim, 1937). Le civisme ne peut pas se concevoir et se construire en marge de cette démarche paradoxale. Les actes civiques (service civique, action civique et éducation civique) sont des responsabilités partagées entre le citoyen et la société. La société donne pour recevoir, en retour des citoyens, ce dont elle a besoin pour son fondement, son existence, son évolution ou son développement.

Doit-on recourir au paradoxe de l'œuf et de la poule, le principe (antériorité/postériorité), pour rendre explicite le civisme ? Parlons de préférence du processus de la reproduction qui rend indispensable et l'œuf et la poule et qui fait intervenir des facteurs externes dont le fondamental est l'aviculteur. Toute la reproduction dépend de celui-ci qui a à choisir entre la poule et l'œuf et qui doit, en conséquence, créer les conditions nécessaires à la reproduction selon une finalité propre. Donc entre la société et les citoyens il y a les élites (l'aviculteur) qui doivent favoriser la création des conditions socio-économiques à l'éclosion du citoyen répondant aux aspirations de la société c'est-à-dire du citoyen efficace.

« (…) La société, écrivait K. Marx, produit l'Homme en tant qu'Homme »[31]. Chaque personnalité porte le sceau de son époque, de sa classe, de sa nation, de sa collectivité, de sa famille. Ce n'est qu'une fois parvenu au niveau de personnalité dotée de traits : individualisés et inimitables que l'Homme devient partie prenante et acteur de l'Histoire. Philosophiquement, l'essence de l'Homme est constituée par l'ensemble des rapports sociaux. Sa formation est liée aux préalables biologiques, mais son contenu et son progrès sont régis par les lois tendancielles de la société. Par son activité sociale, l'Homme modifie en lui-même le naturel, le biologique sans le chasser, sans le détruire. Tant et si bien que le lien réciproque, la continuité entre le biologique et le social ne s'estompent pas, mais vont se développant au point de vue historique. On trouve une unité réelle (mais non une identité) de l'un et de l'autre avant tout dans le travail, activité par excellence des Hommes. »[32]

Là se fait sentir le rôle des élites dirigeantes quant à leur désir et leur aspiration qui doivent nécessairement déboucher sur la construction d'un système de valeurs. « Tout groupe humain, écrivent J. Bremond et A. Gélédan, partage des idéaux qui guident l'action de ses membres. Son système de valeurs comprend l'ensemble des jugements sur ce qui est désirable ou, au contraire, peu apprécié par les membres d'une collectivité. Les valeurs sont l'objet d'une adhésion collective. »[33]

Entendons par là l'auto acceptation des conditions d'existence qui ne traduisent pas, pourtant, une forme de résignation de chacun à sa misère, mais le respect d'une quelconque hiérarchie (académique, religieuse, professionnelle, militaire…) selon des normes établies. Dans ce contexte apparaît l'échelle des valeurs : la marche à suivre par l'individu pour s'insérer, de façon ascendante, dans le tissu social au regard de la latitude que lui laissent les élites dirigeantes ; car « une échelle de valeurs permet de classer des

[31] K. Marx, 1969. Manuscrit de 1844. Paris : Éditions sociales, p.89 (cité par N. Doubinine, 1985).

[32] N. Doubinine et al, op. cit. p.31.

[33] J. Bremon et A. Geledan, 2000. *Dictionnaire des sciences économiques et sociales*. Paris : Berlin, p.560.

actes, des comportements ou des idées – tels qu'ils sont perçus par une collectivité donnée. »[34]

Plus les élites restreignent cette latitude plus l'ascension sociale, via l'échelle sociale, est un leurre moins l'individu se croit citoyen et moins s'implique-t-il dans le processus de valorisation de la société. Ainsi n'éprouve-t-il, aucun sentiment de bien-être ou d'appartenance sociale dont la fierté, la dignité, l'honneur... en seraient le mode d'expression. Quand, dans ses prestations, la société n'arrive pas à procurer à ses citoyens ce sentiment, elle ne reçoit que leur indifférence et leur mépris en guise de réciprocité. « Pour T. Parsons, les valeurs orientent les choix des individus : on peut appeler valeur un élément d'un système symbolique qui sert de critère pour choisir une orientation parmi les diverses possibilités ; qu'une situation laisse par elle-même ouvertes. » (T. Parsons, 1962).

Il s'ensuit alors, qu'on le veuille ou non, que la valeur entraîne des effets émergents comme étant des modèles de comportement, de mode d'opinion et de pensée qui prennent corps à partir du mode d'exploitation des ressources existantes ou de leur gestion par les élites.

La production, comme on peut bien le remarquer, n'est pas en porte à faux au civisme. C'en est un élément fondamental, voire indispensable dans sa fondation dont la pierre intercalaire, celle qui assure l'équilibre de l'édifice sociétal, n'est autre que le travail.

À quoi cela sert-il de parler du travail dans le développement d'un pareil sujet dont l'objet est le civisme ?

Le bien-fondé d'une telle démarche réside dans le fait que seul le travail soit créateur de valeurs. Dès lors le civisme étant lié à la représentation des valeurs, toute analyse y relative ne saurait faire fi du travail. Cela dit, sans tenir compte du réel et de la réalité du travail, il serait quasi difficile de trouver les éléments explicatifs du civisme en tant qu'outil idéologique au service des peuples. En

---

[34] Idem.

conséquence avant d'aborder de près le civisme (la superstructure paradigmatique de la société humaine) il faut permettre à l'esprit de cerner le travail qui est la voie menant au civisme dans plusieurs de ses aspects.

CHAPITRE II. — LE TRAVAIL : LA PIERRE INTERCALAIRE DANS LA FONDATION DU CIVISME

2.1. — Le travail : instrument d'interaction Homme/nature

L'Homme et la société sont caractérisés, dans l'ensemble de la nature, par leur capacité réciproque de transformer et de contrôler leur rapport avec leur environnement (...). Selon Moscovici ou Morin, l'environnement de l'Homme n'est pas définissable en dehors de son activité, de son travail.[35] Engels, un peu plus catégorique, affirme que « le travail a créé l'Homme lui-même. »[36]

Cette affirmation d'Engels est une invitation à remonter la marche de l'Histoire de l'Homme dans son interaction avec la nature. En fait, la transformation de la matière ne saurait se réaliser en marge de cette interaction. Les outils en demeurent le symbole le plus approprié. Le travail humain du paléolithique jusqu'à nos jours a traversé trois grands âges : l'âge de la pierre, l'âge de la machine à vapeur, l'âge de l'électronique ou de l'informatique. Trois âges différents dans l'Histoire de la production des biens qui marquent d'abord des étapes spécifiques de la maîtrise de la matière ou de la soumission de la nature au caprice humain et ensuite qui marquent aussi des formes de comportements humains.

2.1.1. — Le travail : instrument de création des valeurs

La nature est matière première indispensable à l'existence humaine, mais inutile et incapable à elle seule de garantir cette existence. Pour y arriver elle doit avoir la *potentialité de nuisance suffisante* qu'il faut traduire ici par des contradictions inhérentes à la nature même : sources de mouvement, c'est-à-dire débordante

---

[35] A. Touraine, 1974. *Pour la sociologie*. Paris : Éditions du seuil, p.40.

[36] P. Nikitine, 1985. *Précis d'économie politique*. Moscou : Éditions du progrès, p.4.

d'énergies provocatrices d'actions humaines sollicitant les différents sens de l'Homme ; des sens qui, une fois sollicités, font activer l'organe du sens en question au gré de la capacité intellectuelle de l'Homme ou de sa compétence.

L'Homme est la valeur par excellence, car le travail est action or, l'Homme est le moteur ; la force motrice du travail. Il ajoute de la valeur à la valeur intrinsèque de la matière. L'énergie en soi caractéristique fondamentale de la matière n'aurait eu aucune importance dans la mesure où elle serait restée inerte. L'inertie, ici, n'est pas synonyme d'inactivité ou le contraire de dynamique : le bois, qu'on le veuille ou non, ne rentre pas en mouvement sans l'intervention d'une force extérieure. Par contre, il a une *capacité de nuisance suffisante* sur la nature humaine qui peut revêtir différents types de manifestations dont la plus simple pourrait être l'encombrement. D'où la nécessité pour l'Homme de s'en débarrasser, et c'est de là que s'enclenchera l'affrontement entre la compétence humaine et des formes multiples d'énergie du bois. Ainsi le bois va-t-il mettre en mouvement l'intelligence humaine qui l'exploitera pour le feu, les meubles, les constructions… Donc, effectivement, loin de s'en débarrasser l'Homme se l'est approprié. Il y a là, entre l'Homme et le bois, interaction ou réciprocité compétence/énergie. Cet échange est indispensable à l'adaptation ou à l'équilibre de la nature humaine.

Toute l'interaction – compétence/énergie pour produire les biens et services, les idées directives ou de commandes – concourt à donner au travail son vrai sens social. Aussi simple que cela puisse paraître, « la nature présenta des difficultés ; il fallut apprendre à les vaincre : la hauteur (des arbres) qui l'empêchait[37] d'atteindre à leurs fruits, la concurrence des animaux, qui cherchaient à s'en nourrir, la férocité de ceux qui en voulaient à sa propre vie, tout l'obligea de s'appliquer aux exercices du corps ; il fallut se rendre agile, vite à la course, vigoureux au combat. Les armes naturelles, qui sont les branches d'arbres et les pierres, se trouvèrent bientôt sous sa main. Il apprit à surmonter les obstacles

[37] La lettre L (ici montée de l'apostrophe) est mise pour Homme.

de la nature, à combattre au besoin les autres animaux, à disputer sa subsistance aux Hommes mêmes...

« Des années stériles, des hivers longs et rudes, des étés brûlants qui consument tout, exigent d'eux une nouvelle industrie. Le long de la mer, et des rivières, ils inventèrent la ligne et l'hameçon, et devinrent pêcheurs et ichtyophages. Dans les forêts ils se firent des arcs et des flèches, et devinrent chasseurs et guerriers. Dans les pays froids, ils se couvrirent des peaux de bêtes qu'ils avaient tuées. Le tonnerre, un volcan, ou quelque heureux hasard, leur fit connaître le feu, nouvelle ressource contre la rigueur de l'hiver : ils apprirent à conserver cet élément, puis à le reproduire, et enfin à en préparer les viandes qu'auparavant ils dévoraient crues. »[38] Bref ! L'exemple de la cueillette suffit à elle seule pour montrer que le travail résulte de la sollicitation des fruits et des fleurs qui, une fois arrivés à maturité, sollicitent des sens de l'Homme. De par leur caractère contraignant, ces contradictions acculent l'Homme à choisir, ou du moins à connaître la résultante entre le positif et le négatif ; entre le bon côté et le mauvais côté qui ne sont pas toujours bons ou positifs ; toujours négatifs ou mauvais. L'Homme doit s'assurer d'avoir contourné certaines difficultés en les rendant négligeables ou en les transformant en moyens utiles à satisfaire des besoins.

« L'entendement humain doit beaucoup aux passions qui, d'un commun aveu, lui doivent beaucoup aussi : c'est par leur activité que notre raison (intelligence) se perfectionne ; nous ne cherchons à connaître que parce que nous désirons de jouir, et il n'est pas possible de concevoir pourquoi celui qui n'aurait ni désirs ni craintes se donnerait la peine de raisonner (réfléchir). »[39]

Rien ne peut être considéré comme matière première sans cette *potentialité de nuisance suffisante* qui est graduelle selon le temps, l'espace et surtout selon sa fréquence. Alors devient matière tout objet matériel ou de l'esprit qui incite l'Homme à réagir dans le sens, soit de s'en débarrasser, soit de se l'approprier en exploitant

---

[38] J-J. Rousseau, op.cit., p.54-55.
[39] Ibid., p.34. les parenthèses sont soulignées par nous.

un certain nombre de ses propriétés. La valeur n'est valeur que par le travail de transformation réalisé sur la matière pour approprier ses énergies ou s'en débarrasser totalement. Les valeurs, justement, sont l'option correspondante à la satisfaction des besoins humains à un moment donné.

Tout cela renvoie à l'intérêt qu'a l'Homme de se protéger, de se conserver (l'autoconservation). Cet intérêt, « si naturel qu'il puisse paraître, correspond déjà à un système social qui compense les carences de l'équipement organique de l'Homme et met son existence historique en sûreté contre une nature qui le menace de l'extérieur. »[40] L'outil sera, au fil du temps, ce système social de compensation de carence.

2.1.2. — Le travail : créateur de l'outil

La pierre taillée est censée être l'outil de production des biens matériels ancêtre de la technologie informatique actuelle. « Dans l'outil, écrit Hegel, la subjectivité du travail est élevée au niveau de l'universel. »[41]Le dictionnaire de la préHistoire, sous la direction d'André Leroi-Gourhan, a jeté le pont qui permet au mot outil de passer de l'âge de la pierre à l'âge de l'électronique sans subir de graves déformations. Il garde encore toute sa charge sémantique. Selon ce dictionnaire, l'outil est un « terme général donné aux objets par lesquels l'Homme intervient sur la matière en prolongeant sa main afin de la spécialiser en fonction d'objectifs techniques à réaliser. »[42]

Prolonger la main est symbolique, car il traduit l'effort humain face à l'efficacité et l'efficience. Il met en rapport les forces productives et le temps : *la productivité.* Et dans ce contexte, à travers les âges la main a connu des mutations. Pour répéter Jean-

---

[40] Voir, J. Habermas, *op. cit.*, p.153.
[41] Ibid., p.185.
[42] « *La production et l'outil* », 20 novembre 2008 (http://www.hominides.com/html/ dossiers/premier-outil-prehistoire.htm.)

René Ladmiral : la main est passée du paléotechnique au néo-technique. [43]

En tout cas, écrit J. Habermas, l'évolution de la technique se prête bien au modèle d'interprétation selon lequel l'espèce humaine aurait projeté l'un après l'autre sous la forme de moyens techniques les éléments qui sont à la base des différentes fonctions de l'activité rationnelle par rapport à une fin, lesquelles se situent d'abord au niveau de l'organisme humain – l'espèce pouvant ainsi se libérer elle-même de ces fonctions. Ce sont d'abord les fonctions de l'appareil de locomotion : les bras et les jambes (…) renforcés et remplacés ; puis la production d'énergie (du corps humain), puis les fonctions de l'appareil sensoriel (les yeux, les oreilles, la peau) et pour finir les fonctions du centre de commande (le cerveau). (1968, 14)

La maîtrise du feu par l'Homme fut déjà une manifestation de cette mutation. « C'est l'une des premières preuves de notre humanité. […] Le feu a été un formidable moteur d'hominisation. Il éclaire et prolonge le jour aux dépens de la nuit ; il a permis à l'Homme de pénétrer dans les cavernes. Il réchauffe et allonge l'été aux dépens de l'hiver ; il a permis à l'Homme d'envahir les zones tempérées froides de la planète. Il permet de cuire la nourriture et, en conséquence, de faire reculer les parasitoses. Il améliore la fabrication des outils en permettant de durcir au feu la pointe des épieux. Mais c'est surtout un facteur de convivialité. »[44]

Le taylorisme, le fordisme, la sous-traitance… et la télématique jusqu'aux mains invisibles[45] sont encore des formes plus poussées de cette mutation qu'a connue la main.

La mondialisation est le soubassement de cette fondation conçue dès l'âge de la pierre et édifiée progressivement dans la

---

[43] J. Habermas, *op.cit*, p.xx ; les parenthèses sont de nous.

[44] *« La production et l'outil »*, 20 novembre 2008 (*http://www.hominides.com/html /dossiers/feu_domestication.htm).*

[45] Référence aux multitudes de concepteurs d'un seul et même projet qui se trouvent partout sur la planète.

perspective d'être surmontée d'une structure dont l'envergure est supra planétaire.

Cette société technologique – comme l'a qualifié G. Rocher s'inspirant de G. Friedmann – est le milieu qui interpose entre l'Homme et la nature un réseau de machines, de techniques complexes, de connaissances, d'objets fabriqués, transformés, adaptés. L'Homme n'est plus sous la dépendance de la nature ; il tend plutôt à soumettre celle-ci à ses besoins, à ses désirs, à ses ambitions ; il exploite la nature, au sens littéral du terme, il la domine et l'utilise à ses fins. [...] Ce milieu résulte de la révolution industrielle, c'est-à-dire du passage de l'outil à la machine, du travail manuel au travail mécanisé et aussi de la découverte de matériaux nouveaux et d'énergies encore inexploitées. Ce milieu est vraiment caractéristique de la société moderne ; il en est à la fois la cause et le produit.[46]

Marx dans *Le Capital* a pu montrer l'importance de l'outillage sinon de la technologie dans le procès de la production. À son avis, la production est secondaire par rapport aux moyens de production ; puisque celle-là est l'étape d'exécution ou du moins l'étape finale de ce qui a été conçu tenant compte des rapports quantitatif et qualitatif, c'est-à-dire du rendement horaire. Selon Marx, il faut pouvoir distinguer le travail abstrait du travail concret. C'est à partir de celui-là, à son avis, que les finalités de la production sont établies ; contrairement à la production où la routine peut-être amplement suffisante parce que faisant intervenir tout simplement la capacité physique de l'Homme et non sa capacité intellectuelle (sa matière grise). À ce propos, il écrit : « Ce qui distingue une époque économique d'une autre, c'est moins ce que l'on fabrique que la manière de fabriquer... Les moyens de travail sont les Gradimètres du développement du travailleur, et les exposants des rapports sociaux dans lesquels il travaille. (K. Marx, *le Capital*, t I, pp.195-196). »[47]

---

[46] G. Rocher, op.cit., p.106-107. t.2.

[47] *« Le matérialisme dialectique et le matérialisme historique. »* 20 octobre 2007 (http://classiques.chez-alice.fr/staline/diamat.html.)

Ce ne serait pas trop osé de dire que chaque période porte la marque d'une action humaine. Aujourd'hui, on vit l'ère de l'informatique : le robot est à la fois la machine et « l'Homme ». C'est aussi l'ère de la banalisation de la force physique considérée depuis toujours comme étant source d'emploi. La secrétaire, aujourd'hui, d'un cabinet d'avocat peut jouer à la fois le rôle d'une ménagère, d'une réceptionniste, d'une dactylographe… Et dans la mesure où la théorie des avantages comparatifs ne jouerait pas en sa faveur, elle peut être réduite à jouer un simple rôle de ménager. C'est pour dire que le travail – en tant qu'action de réciprocité ou d'interaction entre la compétence humaine et des énergies matérielles – est la valeur des valeurs. En valorisant il dévalorise pour revaloriser ce qui entre la compétence et l'énergie, paraît accuser un déficit d'adaptation, à travers le temps, au regard des besoins de la société.

« L'outil est donc, comme l'a écrit J. Habermas, de la même manière que le langage, une catégorie de ce milieu[48] ; grâce auquel accède l'esprit à l'existence. »[49]

2.1.3. — Le travail au concours du statut social

La mise en adéquation des besoins humains à la satisfaction humaine telle est la finalité du travail. Il culmine vers la production dont le but exige des activités concomitantes de destruction et de construction. Dans ce jeu paradoxal de destruction/construction, la compétence humaine n'est jamais définitivement achevée. La matière la rend variable. Elle est acquise en termes de connaissance, mais bornée en raison des caractéristiques inépuisables de la matière riche en énergies. Le recyclage est son principe de base. C'est ce qui explique ses liens avec la formation sous toutes ses formes ; la professionnalisation, le métier et la spécialisation qui tous font partie d'un grand ensemble : *la socialisation*. Le travail, en ce sens, est une institution et tout Homme qui ne travaille pas ne participe pas à la transformation de

[48] Pour Hegel il y a des milieux qui facilitent l'esprit d'accéder à l'existence. Il a pris en exemple : la famille, le langage, le travail…
[49] J. Habermas, *op. cit.*, p.186.

la matière en valeur. Il n'est pas créateur de valeur et, socialement, il n'a pas de valeur.

Guy Rocher, évoquant l'organisation sociale, fait ressortir l'importance du travail dans le statut social de l'Homme. Il oppose en ce sens la société traditionnelle, où la personne jouit d'un statut assigné à la société industrielle où le statut est acquis. Quand on veut connaître quelqu'un dans la société traditionnelle, on demande « De qui est-il le fils ? » Dans la société technologique, on demande, « Que fait-il ? »… C'est principalement par l'univers du travail que s'attribuent le statut acquis et la personnalité sociale qu'il confère.[50]

L'approche paraît matérialiste au point que le chrétien peut refuser de l'accepter pour un de ses credo.

Dans l'évangile selon saint Matthieu, au chapitre 25 versets 14 à 30, Jésus a utilisé la parabole des talents pour déshonorer son serviteur qui préférait thésauriser au lieu d'investir sa compétence et son temps à faire fructifier le talent qu'il avait en sa possession. Il lui a retiré le talent pour le donner à ceux qui savaient comment mettre en valeur les leurs. Laissez-moi partager avec vous ce morceau de l'évangile : « c'est comme un Homme qui, partant en voyage, appela ses serviteurs et leur remit une fortune. À l'un il donna cinq talents, deux à un autre, un seul à un troisième, à chacun selon ses capacités, et puis il partit. Aussitôt, celui qui avait reçu les cinq talents alla les faire produire et en gagna cinq autres. De même, celui qui en avait reçu deux en gagna deux autres. Mais celui qui n'en avait reçu qu'un s'en alla faire un trou en terre et enfouit l'argent de son maître. Après un long temps, le maître de ces serviteurs arrive et il règle ses comptes avec eux. Celui qui avait reçu les cinq talents s'avança et présenta cinq autres talents : « Seigneur, dit-il, tu m'as remis cinq talents : voici cinq autres talents que j'ai gagnés. » ; « C'est bien serviteur bon et fidèle, lui dit son maître, en peu de choses tu as été fidèle, sur beaucoup je t'établirai ; entre dans la joie de ton seigneur ». Vint ensuite celui

[50] G. Rocher, *op.cit*, p.114.

qui avait reçu deux talents : « Seigneur, dit-il, tu m'as remis deux talents : voici deux autres que j'ai gagnés. » ; « C'est bien, serviteur bon et fidèle, lui dit son maître, en peu de choses tu as été fidèle, sur beaucoup je t'établirai ; entre dans la joie de ton seigneur. » Vint enfin celui qui détenait un seul talent : « Seigneur, dit-il, j'ai appris à te connaître pour un Homme âpre au gain : tu moissonnes où tu n'as pas semé, et tu ramasses où tu n'as rien répandu. Aussi, pris de peur, je suis allé enfouir ton talent dans la terre : le voici, tu as ton bien. » Mais son maître lui répondit : « serviteur mauvais et paresseux ! Tu savais que je moissonne où je n'ai pas semé ; et que je ramasse où je n'ai rien répandu ? Eh bien ! Tu aurais dû placer mon argent chez les banquiers, et à mon retour j'aurais recouvré mon bien avec un intérêt. Enlevez-lui donc le talent et donnez-le à celui qui a les dix talents. Car à tout Homme qui a l'on donnera et il aura du surplus, mais à celui qui n'a pas, on enlèvera ce qu'il a. Et ce propre à rien de serviteur, jetez-le au-dehors, dans les ténèbres : là seront les pleurs et les grincements de dents. »[51] La position du Christ peut-elle être qualifiée de malthusianisme avant la lettre ? Je vous laisse le soin d'en juger par vos propres sentiments.

Pour le pasteur Richard Baxter : « [...] Le travail... constitue surtout le but même de la vie, tel que Dieu l'a fixé. Le verset de Saint-Paul : « si quelqu'un ne veut pas travailler, qu'il ne mange pas non plus » vaut pour chacun et sans restriction. La répugnance au travail est le symptôme d'une absence de la grâce. Gaspiller son temps est donc le premier, en principe le plus grave, de tous les péchés. Notre vie ne dure qu'un moment, infiniment bref et précieux qui devra confirmer notre propre élection. Passer son temps en société, le perdre en de vains bavardages, dans le luxe, voire en dormant plus qu'il n'est nécessaire à la santé – six à huit heures au plus – est passible d'une condamnation morale absolue. Le temps est précieux, infiniment, car chaque heure perdue est soustraite au travail qui concourt à la gloire divine. Aussi la contemplation inactive, en elle-même dénuée de valeur, est-elle directement répréhensible lorsqu'elle survient aux dépens de la besogne quotidienne. Car elle plaît moins à Dieu que

[51] *La Bible de Jérusalem*, 1995. S. l. Les éditions du CERF/Verbum Bible, p.2441.

l'accomplissement pratique de sa volonté dans un métier. Le dimanche n'est-il pas là d'ailleurs pour la contemplation ? Ce sont toujours ceux, qui lambinent à l'ouvrage ; qui manquent du temps à consacrer à Dieu au moment opportun. »[52]

Dans toute cette démarche où se situe le civisme ?

La question paraît pertinente dans la mesure où il nous serait impossible de comprendre qu'à partir du moment où une société est incapable de transformer la matière, pour pouvoir procurer du travail dans le sens de l'emploi à ses filles et fils, elle est sujette à l'abandon et au rejet. « [...] Dans ce contexte, être au chômage n'entraîne pas seulement une perte de revenu, mais également une perte de statut, une déchéance sociale. »[53]

C'est justement cette déchéance sociale qui rend vulnérables les filles et les fils de la société à toutes formes de corruption. Les vagues successives d'exode ou de migration des peuples vers d'autres sociétés et le changement de citoyenneté par l'acte de naturalisation en sont des conséquences. En quête de valoriser leur capacité productive les Hommes restent à la disposition de la société la plus offrante. Cette attitude traduit la quête d'une garantie de l'identité du moi qui va avec le mode de gouvernance institutionnalisé par les élites dirigeantes de toute société et leur vision du bien-être collectif des populations. « La réalité institutionnelle de l'identité du moi réside dans le fait que les individus se reconnaissent dans les propriétés qu'ils possèdent, produites par leur travail ou acquises par l'échange.

« Ce ne sont pas seulement mon avoir et ma propriété qui sont ici posés, mais bien ma personne ou bien – dans la mesure où tout pour moi réside dans mon existence – mon honneur et ma vie.

« Cet honneur et cette vie ne sont pourtant reconnus que dans l'intangibilité de la propriété. Or la propriété comme substrat de la reconnaissance juridique se trouve au terme des processus du

---

[52] M. Weber, *op.cit*, pp. 191-192.
[53] G. Rocher, *op.cit*, p.114.

travail. L'activité instrumentale et l'interaction sont donc liées au niveau du produit reconnu du travail. » (J. Habermas, 1968, 194)

La cupidité de la plupart des élites dirigeantes du monde leur ôte tout esprit de penser au bien-être collectif de leur population. *Pillons silencieusement !* Tel est le mot de passe (Password) approprié à cette cupidité ; un password expressif de la vulnérabilité de la population dépendante de ces élites. Elles volent, elles tuent... Pour elles, ce n'est pas un péché, une fois que les ressources du pays ou les biens des personnes volées ou tuées participent à leur survie, au changement de leur statut, à leur ascension sociale et cela devient encore moins un péché, quand la société en est complice jusque dans ses lieux de socialisation. Quel paradoxe !

2.2. — Le travail : source de valeurs humaines universelles

Le travail en tant que valeur met en rapport non seulement la compétence humaine et la matière, mais aussi des idées et des forces contraires génératrices de conflits. À ne pas oublier que depuis le néolithique l'humanité entre dans ce qu'on pouvait appeler la domestication de la nature, la sédentarisation avec pour corollaire l'avènement du patriarcat et de la propriété privée, bases des sociétés de classes. Pour Friedrich Engels, c'est déjà le fondement des temps historiques qui vont permettre de cerner *l'origine de la famille de la propriété privée et de l'État.* Les temps historiques sont, selon le paradigme marxien, le règne de l'exploitation de l'Homme par l'Homme.

Le commandement et l'obéissance sont dès lors considérés comme des catégories du travail et sont conflictuels du fait que la machine de production est une chaîne de commandement qui, à côté de la rationalité recherchée, établit la hiérarchisation : une forme de subordination de l'Homme.

Critiquant le concept de rationalité de Max Weber – relatif à la forme capitaliste de l'activité économique, la forme bourgeoise des échanges au niveau du droit privé et la forme bureaucratique de la domination – Herbert Marcuse est convaincu que, dans ce qu'on peut appeler la rationalisation, ce qui l'emporte ce n'est pas la rationalité en tant que telle, mais au nom de la rationalité une forme déterminée de domination politique inavouée. [...] En outre, une telle rationalité ne s'étend qu'aux relations de l'ordre de la manipulation technique ; elle exige donc un type d'activité impliquant : la domination, soit sur la nature soit sur la société. L'activité rationnelle, par rapport à une fin, est, en vertu de sa structure même, l'exercice d'un contrôle. C'est pourquoi, dans l'esprit d'une telle rationalité, la rationalisation des conditions d'existence est synonyme de l'institutionnalisation d'une domination qui n'est plus reconnue comme domination politique : la raison technique d'un système social fondé sur l'activité rationnelle par rapport à une fin n'en perd pas pour autant son contenu politique. La critique adressée par Marcuse à Max Weber[54] en vient à cette conclusion :

« Peut-être le concept de raison technique est-il lui-même idéologie. Ce n'est pas seulement son utilisation, c'est bien la technique elle-même qui est déjà domination (sur la nature et sur les Hommes), une domination méthodique, scientifique, calculée [...] Ce n'est pas après coup seulement, et de l'extérieur que sont imposés à la technique certaines finalités et certains intérêts appartenant en propre à la domination, ces finalités et ces intérêts entrent déjà dans la constitution de l'appareil technique lui-même. »[55]

La situation de subordination ou de domination, inhérente à la machine de production, est donc elle-même conflictuelle. Sur la base de cette situation, en tant que matière, sont édifiées des valeurs universelles comme *liberté*, *égalité*, *fraternité*. Pour le plein rendement de la machine de la production, la domination doit être noyée sous des idées abstraites d'acceptation de la réalité vécue. Certes : liberté, égalité, fraternité sont des valeurs sociales symboliques de l'autodétermination, de la non-ségrégation et de la

[54] J. Habermas, *op.cit*, p.5.
[55] Cité par J. Habermas, idem.

solidarité. Toutes charrient spécifiquement des sentiments de fierté et de dignité humaine.

Ces sentiments, et pour la société et pour le citoyen, n'ont aucun sens sans le travail, sans l'emploi c'est-à-dire sans source de revenus. PIB et PNB se conjuguent pour apporter au terme *revenu* la charge sémantique appropriée. Quelle est la production de votre société ? Et comment est sa productivité au regard de la loi des avantages comparatifs ? Le droit d'être libre, d'être égal et d'être frère, en d'autres termes, la recherche de l'équité passe aussi par le travail et est à la base de toutes les négociations entre les Hommes. Tels sont des symboles, caractéristiques des valeurs sociales ; et transversaux à presque tous les champs d'activités humaines : l'économique, le politique, le culturel...

Le droit d'être libre, d'être égal et d'être frère sous-tend l'idée de ségrégation entre les Hommes. Certains diront : sélection naturelle ! D'autres diront : racisme ! Évitons ce débat, mais disons que les inégalités sont une évidence avec laquelle l'Homme n'a cessé de composer depuis les temps préhistoriques. « L'exemple des sociétés primitives qui sont qualifiées d'égalitaires révèle, à la fois, la généralité du fait et sa forme la plus atténuée. Selon le sexe, l'âge, la situation généalogique, la spécialisation et les qualités personnelles, des prééminences et des subordinations s'y établissent. Mais c'est dans les sociétés où les inégalités et les hiérarchies sont apparentes – évoquant des classes rudimentaires [...] ou des castes – que se saisit, en toute clarté, la relation entre le pouvoir et les dissymétries affectant les rapports sociaux. »[56] C'est sur la base de ces inégalités que vont s'édifier les notions de territoire, de nation, de peuple, d'État, etc. « L'État, écrit F. Engels, se caractérise en premier lieu par la répartition de ses ressortissants d'après le territoire. »[57]

---

[56] G. Balandier, 1995. *Anthropologie politique*. PUF, p.46.

[57] F. Engels, 1979. *L'Origine de la famille de la propriété privée et de l'État*. Paris : Éditions sociales, p.281.

Beaucoup de gens peuvent se poser la question : comment peut-on considérer le travail comme un élément explicatif de l'existence du territoire voire de l'État ?

Le territoire n'est pas tombé du ciel, c'est une conquête, fruit de l'action humaine. En d'autres termes, la planète terre n'est pas l'œuvre de l'Homme, mais la partie qu'il occupe a été travaillée, transformée pour répondre à sa satisfaction. L'Homme a ainsi enclenché le processus de mise en valeur de cette partie qui devient son territoire. Le territoire devient alors une valeur.

Toute l'Histoire des conquêtes, de colonisation, des guerres part de la convoitise que suscite cette valeur. Don Juan, le roi du Portugal dès 1493, proposait un nouveau partage du monde chrétien, une redéfinition des sphères d'influence des deux grandes puissances maritimes de l'époque : l'Espagne et le Portugal. Il dit à Colomb, qui était déjà au service du roi et la reine d'Espagne : « Je veux tracer une ligne sur la carte du monde, du Nord au Sud, d'un pôle à l'autre. Cette ligne doit être tracée à 370 lieues à l'ouest des îles les plus occidentales du Cap-Vert. Pour délimiter les deux royaumes catholiques. Toute terre découverte à l'ouest de cette ligne vous reviendra à vous et à l'Espagne. Tout ce qui sera à l'est de cette ligne appartiendra au Portugal. [...] Cette ligne de partage [...] fut établie finalement par les deux grandes puissances lors du traité de Tordesillas, un an plus tard, le 7 juin 1494. »[58]

L'Amérique est l'exemple d'un territoire conquis où, avant l'arrivée des Européens, vivaient des Hommes (des Indiens et des Noirs) qui ont été expropriés. On en connaît la suite. L'Amérique a connu une mise en valeur avec les colonisateurs qui remettaient, systématiquement en question tout ce qu'ils trouvaient comme mode d'organisation sociopolitique, culturel et de travail des indigènes. Ils ont même revendiqué la paternité du territoire au point qu'ils aient fait abstraction des premiers occupants. Leur conquête fut synonyme de découverte ce qui traduirait une sorte de non-violence de leur acte. Cependant, I.V. Sertima écrit :

[58] I. V. Sertima, 1981. *Ils y étaient avant Christophe Colomb*. Paris : Flammarion, pp. 22-24.

« Aujourd'hui, nous savons, sans doute possible, grâce aux méthodes modernes de datation, que certaines têtes négroïdes en pierre, trouvées en territoire olmèque[59] et ailleurs au Mexique ou en Amérique centrale, remontent à 800 ou 700 avant J.-C. Il faut de toute évidence récrire l'Histoire de l'Amérique en tenant compte de ces données irrécusables. Il faut trouver des explications, non des excuses. On ne peut continuer d'ignorer ou de rejeter les conséquences de ces découvertes. Le moment est venu pour briser le silence sceptique qui plane sur ce sujet...

[...] le travail d'Alexander Von Wuthenau fut un pas dans ce sens. Ayant l'ardente conviction que l'Amérique était indissociable, dès avant 1492, du grand courant culturel mondial, passionné d'art précolombien (si longtemps négligé dans les grands musées du monde), ce professeur et historien d'art multiplia les recherches et les fouilles au Mexique. Son engagement personnel permit la mise à jour d'un grand nombre de témoignages tangibles sur la présence des Africains dans l'Amérique précolombienne. Son ouvrage *The Art of Terracota Pottery in Pre-Columbian South and Central America* ouvrait de nouvelles perspectives. Il anéantissait les hypothèses classiques en matière d'art et d'Histoire sur l'Amérique. Mais il a eu un accueil favorable seulement parce qu'un changement réel a eu lieu, bien que timide et progressif, et a réduit les préjugés qui ont longtemps entravé toute recherche scientifique sérieuse à ce sujet.

Deux conférences récentes d'anthropologues américains ont contribué à ce changement. Ils interviennent au congrès international des américanistes, tenu à Barcelone en 1964 : un anthropologue français déclara que la dernière preuve marquant concernant encore la présence africaine dans l'Amérique précolombienne était l'existence de squelettes négroïdes ; mais on en a trouvé depuis dans des couches de terrain de l'époque préchrétienne et médiévale. La société d'archéologie américaine, réunie à Santa Fé ou Nouveau-Mexique, en mai 1968, pour discuter des échanges entre les continents à l'ère précolombienne, tira la conclusion suivante : « *Il ne fait aujourd'hui aucun doute*

[59] « Territoire olmèque » traduit ici déjà « outre-mer ».

que le Nouveau Monde reçut des visiteurs venant de l'Ancien Monde dès avant 1492, et même durant la préHistoire. »[60]

Au prix du sang et de la guerre, la terre de toute l'Amérique est passé des mains des premiers occupants à celles des conquérants qui établissent l'esclavage comme mode d'organisation de la production. En quête de valeurs minières et agricoles, comme ce fut le cas en Asie et en Afrique, le comportement des conquérants va susciter l'émergence d'une valeur universelle : la révolution. Cette dernière, à son tour, suscitera la solidarité et la fraternité des peuples qui veulent garder leur honneur, leur fierté et leur dignité. Révolution, solidarité, fraternité, honneur, fierté, dignité sont des valeurs universelles qui traduisent la volonté de vivre libre d'un peuple sur son territoire. L'indépendance des États-Unis d'Amérique en 1776, celle de la République d'Haïti proclamée en 1804 et le vaste mouvement de décolonisation après la Seconde Guerre mondiale – vécu par l'Afrique – sont le témoignage de cette volonté des peuples.

Le règne d'exploitation de l'Homme par l'Homme place la dignité et l'honneur du côté des plus forts qui nourrissent des visées hégémoniques et expansionnistes. « De là sortirent les guerres nationales, les batailles, les meurtres, les représailles qui font frémir la nature et choquent la raison, et tous ces préjugés horribles qui placent au rang des vertus l'honneur de répandre le sang humain. Les plus honnêtes gens apprirent à compter parmi leurs devoirs celui d'égorger leurs semblables… »[61] Les guerres vont décimer des populations, les humilier dans leur dignité d'Homme.

Chaque territoire, en conséquence, devait se préparer à l'éventualité de la guerre. Pour ne pas laisser piller son territoire et devenir l'esclave de l'autre, il fallait cultiver la fraternité. Ainsi, les gouvernants ont dû insuffler à leur population un sentiment d'appartenance : le patriotisme est né. « C'est un état

---

[60] I. V. Sertima, *op.cit.*, pp. 40-41.
[61] J-J. Rousseau, *op.cit.*, p.68.

d'âme/d'esprit qui pousse quelqu'un à ressentir de l'amour et de la fierté et à défendre les intérêts de son pays. »[62]

Voilà qui contribue, à côté des normes, à créer la grandeur sociale. Le territoire devient une des raisons d'existence du citoyen et participe à son honneur et à sa dignité. Le territoire le valorise. Mais comprenez déjà qu'on n'est pas amené tous les jours, toutes les heures, à défendre les intérêts de son pays. Bien que ce ne soit pas totalement impossible ! Il y a des moments précis où ceci se réalise. Donc, ce sentiment est certaines fois momentané et peut être émotionnel. Il traverse le citoyen, particulièrement, le citoyen originaire[63] comme une décharge électrique. Et en ce sens, plus quelqu'un a ses racines ou s'enracine dans une société plus l'intensité de cette décharge est grande. Alors, quand surgit le patriotisme, le cadre social transcende toutes les réalités de caste ou de classes, ou du moins les voile, pour laisser apparaître la grandeur sociale qui est caractérisée par l'état d'âme collectif prêt à réaliser des prouesses au regard des valeurs sociales transmises par des instances ou des lieux de socialisation.

Le territoire, cette projection de la grandeur sociale dont le citoyen est le reflet, ne se conçoit pas en marge de ce haut idéal que traduisent les responsabilités de la société vis-à-vis du citoyen et celles du citoyen vis-à-vis de la société.

C'est pour endiguer le besoin de ce haut idéal qu'il devient indispensable à toute société d'arriver à un consensus social. Là se fait sentir le rôle des élites dirigeantes quant à leurs désirs et leurs aspirations qui doivent, nécessairement, déboucher sur la construction d'une échelle de valeurs. Cela ne va pas sans le travail, ni non plus sans la technologie. « La technique, c'est d'emblée tout un projet sociohistorique ; en elle se projette ce qu'une société et les intérêts qui la dominent intentionnent de faire des Hommes et des choses. Cette finalité de la domination lui est consubstantielle et appartient dans cette mesure à la forme même de la raison technique. » (J. Habermas, 1968, 6)

---

[62] « Le patriotisme », 6 mars 2008 (http://fr.wikipedia.org/patriotisme.).
[63] Ici on s'inspire de l'article de *l'Encyclopédie* de D. Diderot.

2.3. — Le travail prometteur de la valeur du talent

Le talent – la capacité d'un individu à réaliser avec efficacité un acte séduisant qui dépasse l'entendement et/ou l'imagination et qui le rend admirable et admiré par la communauté des Hommes – est le fruit d'un travail ardent de l'individu qui met à profit son temps, son intelligence, sa conviction et sa capacité physique. Il cultive ainsi la faculté qui lui est socialement léguée.

En fait, le professionnalisme, dans ce contexte, tient lieu de finalité et fait tendre vers la perfection l'esprit de créativité de l'individu en question. Dans le langage scientifique, on parle de surdoués pour qualifier un talent. Le langage vulgaire parle de dons ; pour traduire une sorte d'intervention ou d'assistance divine minimisant, ainsi, l'apport du travail de l'individu, au regard de son patrimoine social. « Nul ne doute que les Hommes soient biologiquement différents. Ils réagissent diversement à une même mesure éducative, présentent des traits de caractère originaux, manifestent des inclinations bien distinctes. Mais tout ceci ne fait ressortir que des possibilités biologiques variées et n'autorise pas l'affirmation que les gènes porteraient déjà codifiées les formes (de la vie) qui se constituent sous l'action des relations sociales en vigueur. »[64]

Tout compte fait, le talent est en relation avec l'environnement social de l'individu, mais, aussi et surtout, avec le temps qu'il consacre à la maîtrise de la matière léguée.

Les sociétés en sont pleinement conscientes. C'est pourquoi elles incitent l'individu au travail par l'organisation de compétitions, dans tous les domaines de la vie sociale, pour départager le bon du moins bon et permettre au bon un meilleur développement de ses facultés. D'où l'importance de l'estime publique instituée comme étalon pour encourager tout individu à utiliser son sens de créativité, à découvrir la matière sur laquelle il

---

[64] N. Doubinine et al, *op.cit.* p.29.

peut agir pour démontrer son talent afin de pouvoir faire œuvre qui vaille au profit du bien-être de la collectivité.

Que de matières banalisées l'Homme n'a-t-il pas exploitées, ou du moins, travaillées, jusqu'à ce qu'un jour elles soient devenues de véritables valeurs qui comme toutes les valeurs de la production sociale suscitent, paradoxalement, honneur et/ou déshonneur, gloire et/ou défaite ? « On s'accoutuma à s'assembler devant les cabanes ou autour d'un grand arbre ; le chant et la danse, vrais enfants de l'amour et du loisir, devinrent l'amusement ou plutôt l'occupation des Hommes et des femmes oisifs et attroupés. Chacun commença à regarder les autres et à vouloir être regardé soi-même, et l'estime publique eut un prix. Celui qui chantait ou dansait le mieux ; le plus beau, le plus fort, le plus adroit ou le plus éloquent devint le plus considéré, et ce fut là le premier pas vers l'inégalité, et vers le vice en même temps : de ces premières préférences naquirent d'un côté la vanité et le mépris, de l'autre la honte et l'envie ; et la fermentation causée par ces nouveaux levains produisit enfin des composés funestes au bonheur et à l'innocence. »[65]

Les oscars hollywoodiens ne sont-ils pas la poursuite, sinon l'équivalent de ce prix pour l'estime publique ? Les médailles olympiques des jeux vieux de l'Antiquité sont-elles en marge de cette logique ?

Il revient aux élites dirigeantes de créer les conditions nécessaires pour que la société, à laquelle elles s'identifient, soit compétitive en produisant des talents. Le civisme passe, aussi, par là. Il ne fait pas de doute que les élites dirigeantes qui ne s'identifient pas à une société ne vont rien faire pour que cette société et les citoyens qui y vivent soient compétitifs. Bref ! Le talent, comme moyen de mise en valeur des facultés d'un individu, force l'individu à se sacrifier pour être, dans les compétitions sociales intra ou extraterritoriales, le meilleur sinon parmi les meilleurs.

---

[65] J-J. Rousseau, op.cit., p.59.

Qu'est-ce que les Hommes n'ont pas fait pour prouver leurs talents ? Il suffit de jeter un simple regard sur les Jeux olympiques. Des athlètes se dopent pour réaliser l'incroyable voire l'impensable de l'imagination humaine ! Poussés par la passion, écrit J.-J. Rousseau, « […] les Hommes dissolus se livrent à des excès, qui leur causent la fièvre et la mort ; parce que l'esprit déprave les sens, et que la volonté parle encore quand la nature se tait. »[66] Cette attitude est à tous les niveaux de la vie en société : un bon orateur, un grand peintre, un grand sportif, un grand musicien, un grand romancier, un grand scientifique… Et, pour respecter la logique paradoxale, si l'environnement social de l'individu est la criminalité il peut cultiver si bien le mal qu'il devient un génie du mal, pas forcément, en criminalité, mais, peut-être en vol, en escroquerie, en contrefaçon, en mercenaire… Quel que soit le cas de figure, le talentueux fait la gloire et/ou l'honneur des élites qui l'ont créé.

Donc, paradoxalement, tout est qualité. Ce qui est vice ou défaut pour des élites peut ne pas l'être pour d'autres. « Voilà donc toutes nos facultés développées : la mémoire et l'imagination en jeu ; l'amour-propre intéressé, la raison rendue active et l'esprit arrivé presque au terme de la perfection, dont il est susceptible. Voilà toutes les qualités naturelles mises en action, le rang et le sort de chaque Homme s'établirent, non seulement sur la quantité des biens et le pouvoir de servir ou de nuire, mais sur l'esprit, la beauté, la force ou l'adresse, sur le mérite ou les talents, et ces qualités étant les seules qui pouvaient attirer de la considération, il fallut bientôt les avoir ou les affecter, il fallut pour son avantage se montrer autre que ce qu'on était en effet. Être et paraître devinrent deux choses tout à fait différentes, et de cette distinction sortirent le faste imposant, la ruse trompeuse, et tous les vices qui en sont le cortège. »[67]

Le talent, pour ainsi dire, se situe tant au niveau de l'ordre que de celui du désordre, de la violence comme de la non-violence. La violence est partie intégrante de la société qui l'entretient sous des

---

[66] Ibid., p.32.
[67] Ibid., pp. 63-64.

formes violées. C'est en ce sens que l'État, de toute société, se réserve le droit d'être le seul à avoir le monopole de la violence tant réelle que symbolique.

Ainsi assiste-t-on à l'institutionnalisation de l'échange des valeurs relatives à la violence. Il y a en ce sens un marché de la violence : la vie d'un soldat vaut celle d'un nombre de bandits au point que si celui-là est assassiné par un bandit tout le gang d'affectation de celui-ci peut être décimé et à la rigueur même des membres de la famille spécifique du gang. Cela est également vrai même entre États belligérants.

Le talent, comme valeur humaine, est une fragilité en raison du fait que là où il procure la satisfaction il entraîne l'insatisfaction. Le héros d'une révolution est un talent. L'assassin du Che fut, aussi, un talent : une valeur humaine qui, sur le marché de la violence réelle, valait un pesant d'or pour les puissances impérialistes de l'époque, lesquelles n'auraient pas hésité, en échange, à liquider ou à faire liquider tous les communistes pour protéger cet assassin.

La fragilité de la valeur est aussi de la valeur, car au cours du processus de l'échange elle fait monter les enchères. La valeur humaine dans son signifiant (matière grise) est tellement variable que sa valeur d'échange fait souvent l'objet de spéculation. En est-il autrement du signifiant (force physique) ? Un peu moindre, s'inspirant de la théorie de la valeur (travail), mais indispensable dans la mise en valeur de la matière. La valeur humaine est, en conséquence de la valeur ajoutée.

2.4. — Le travail : instrument d'ascension sociale

L'ascension sociale fait référence à l'échelle des valeurs conçue par les élites dirigeantes pour permettre à un individu de passer d'une strate sociale (B) à une strate sociale (C) ou à une strate plus élevée dans la structure sociale composée de classes sociales. Chaque classe sociale a ses propres strates. L'ascension sociale se fait autant à l'intérieur qu'à l'extérieur des classes sociales. Ceci explique la simultanéité du processus d'ascension qui se réalise à l'intérieur (intra) et à l'extérieur (extra ou inter) des classes. L'ascension intra classe est mécanique du fait que les intérêts de tout type sont contradictoires, mais non antagoniques. L'ascension inter classes est dynamique – et à sens unique – du fait que les intérêts sont à la fois contradictoires et antagoniques. Mais, quel que soit le type d'ascension, l'individu pour en bénéficier est condamné à sacrifier son temps au travail qui lui est proposé par sa classe selon sa strate.

Le travail, rappelez-vous bien, est le processus de transformation de la matière qui est toute chose – dans la nature, ou dans l'environnement social de l'individu – porteuse d'une *capacité de nuisance suffisante*. Donc, apprendre à manipuler la technique pour se l'approprier ou s'en débarrasser se fait dans toutes les strates à l'intérieur de chaque classe. Évitons le débat des classes sociales ! Cependant, une réflexion paradigmatique peut nous amener à considérer la terminologie suivante : la classe des dominants et la classe des dominés. Chacune a ses spécificités et ses critères d'ascension. « Chaque classe dans une formation socio-économique donnée se distingue par son éthique, son appréciation du sens de la vie, son attitude à l'égard de la personnalité, l'étendue de ses connaissances scientifiques et techniques, sociales, politiques, juridiques et philosophiques. »[68]

Ces éléments de distinction sont déterminants, car ils constituent les critères d'ascension sociale (intra et interclasses). Dès lors, l'ascension interclasse est à sens unique, puisque les dominants – placés en haut de l'échelle des valeurs (sociales) – se confondent avec les élites dirigeantes qui sont les concepteurs des critères d'ascension pour les deux classes. En conséquence, la véritable ascension sociale pour l'individu demeure l'interclasse. Son travail consistera à s'approprier des critères d'ascension de la classe dominante qui sont d'une grande « capacité de nuisance suffisante » pour tout individu hors classe. Paradoxalement, s'en débarrasser pourrait être la porte du salut pour l'individu.

[68] N.Doubinine et al, *op.cit.*, p.29.

L'essentiel est que l'individu doit apprendre à développer son talent pour obtenir l'estime publique qui est un puissant facteur d'ascension. Quel que soit le cas de figure, l'individu doit chercher à augmenter sa valeur sociale au profit d'un meilleur statut social qu'il négociera avec la société. La valeur sociale, comme la valeur économique, implique un équivalent de mesure qui permet d'apprécier l'effort en termes de sacrifices consentis par un individu ou un groupe d'individus au sein de la société. Le statut social acquis – grâce à l'ascension sociale – est cet équivalent de mesure qui permet à l'individu de jouir des bienfaits de son talent. Donc, il y a toute une forme d'échange entre l'individu et la société dont le prix du marché passe par le respect mutuel de la production sociale.

Cet échange ne se fait pas en dehors d'un cadre institutionnel comprenant l'école, l'université, l'emploi... Tous contribuent à la production tant économique que sociale et doivent jouer efficacement leur rôle. De ce fait, l'éducation, les métiers (les professions), la productivité, l'emploi… sont des composantes de la valeur sociale. La promotion de ces différentes composantes est indispensable à l'ascension sociale dont toutes élites dirigeantes ont besoin pour la reproduction sociale. Aux élites dirigeantes incombent cette mission de grande importance pour assurer le développement qui, selon la définition classique, se traduit, pour un pays par la hausse soutenue et irréversible de son revenu réel par habitant. Le capital humain n'est qu'une retombée de cette promotion qui consiste dans la valorisation de l'éducation, la valorisation de l'art, la valorisation des métiers, la valorisation du travail, la valorisation de la production… et qui culmine à la promotion du respect. La promotion du respect du temps est aussi essentielle ; car le temps constitue un des paramètres clés de la productivité, laquelle fait interagir la compétence, la santé, les conditions de travail, le mode de transport, etc.

À ce niveau se pose la question de la mondialisation en termes de progrès scientifique et technique qui privent d'emploi ou rendent insignifiant, chaque jour, la productivité de tout individu n'ayant pas accès à l'éducation. En termes simples, là où trente travailleurs étaient nécessaires auparavant, un seul suffit maintenant. Un individu dépourvu des moyens de sa productivité ne peut pas payer ses obligations à l'État. Il n'est pas un citoyen en ce sens. Un individu dans une pareille situation n'est pas attaché à un territoire. Il n'a aucun sentiment d'appartenance. Victime de l'idéal de ses élites – idéal qui n'aspirait pas à l'adéquation du capital humain inhérent à l'intégrité socio-économique du territoire et, en conséquence, idéal qui, non plus, n'aspirait pas à des hausses du revenu réel par habitant du territoire – cet individu est acculé à choisir entre la marginalisation avec tous ses effets pervers et l'évasion. En conséquence, dans le contexte d'ascension sociale, l'État ne peut pas faire l'économie de la science et de la technique.

La technique et la science comme idéologie – œuvre écrite par J. Habermas – a inspiré son préfacier en la personne de Jean-René Ladmiral qui croit que le complexe scientifico-technique se politise en quelque sorte, au même titre que la politique se « scientifise ». Habermas dans ce même ordre d'idées montre que l'analyse sociologique d'Herbert Marcuse est fondée sur ce phénomène particulier de fusion entre techniques et domination, entre rationalité et oppression, dont l'interprétation fournie est qu'il y a dans l'a priori matériel de la science et de la technique un certain projet. Et voici ce que Habermas écrit empruntant les mots de H. Marcuse : « ce que j'essaie de montrer, c'est que la science, en vertu de sa propre méthode et de ses propres concepts, a projeté un univers au sein duquel la domination sur la nature est restée liée à la domination sur l'Homme et qu'elle l'a aidé à se développer – et ce lien menace d'être fatal à cet univers dans son ensemble. Comprise et maîtrisée par la science la nature réapparaît dans l'appareil technique de production et de destruction qui assure et facilite l'existence des individus et qui, en même temps, les assujettit à ceux qui sont les maîtres de l'appareil. Ainsi se mêlent la hiérarchie rationnelle et la hiérarchie sociale. »[69]

[69] J. Habermas, *op.cit.*, p.12.

CONCLUSION DE LA PREMIERE PARTIE

Toute cette analyse – autour des concepts : *interaction, valeurs* et *travail* qui nous ont guidés à développer d'autres concepts citons en exemple : le statut social, les valeurs humaines universelles le talent, l'ascension sociale, etc. – situe l'action humaine au cœur de la problématique sociale dont l'interprétation a toujours été faite selon les deux plus grandes et plus anciennes conceptions du monde à savoir : le créationnisme et l'évolutionnisme. Aucune société ne peut faire l'économie de ces paradigmes qui font penser à des stratégies de mode de vie collectif et de maîtrise de la nature pour garantir la survie de l'Homme et assurer la reproduction sociale. C'est de là que partent les différents modes d'organisation de l'Homme à commencer par le matriarcat, en passant par le patriarcat pour atteindre le stade d'organisation sociale actuel où se trouve l'humanité. Cette évolution organisationnelle est vécue par l'Homme dans la douleur atroce de luttes intestines pour la sauvegarde de certains acquis.

La propriété privée est au cœur de ces luttes parce qu'elle représente le premier acquis d'une collectivité ; acquis qui va lui permettre de se constituer en peuple au-delà des différences de liens de parenté. Sauvegarder l'espace acquis – qui a vu naître cette collectivité, ce peuple – reste la préoccupation première. Tel est l'esprit qui fait naître le civisme. Le territoire doit être défendu. Et, pour ce faire, il doit pouvoir répondre aux besoins de la collectivité. En termes d'idéologie et de technologie, le mode d'organisation du travail est l'instrument utile aux élites dirigeantes ; élites qui doivent apprendre à le manipuler avec dextérité pour, non seulement, assurer leur domination, mais aussi, pour développer chez les dominés un sentiment d'appartenance au territoire. En effet, ceux-ci s'y identifieront dans la mesure où ils feront partie intégrante des processus de la production et de la reproduction sociale.

C'est ce que J. Habermas – reprenant la théorie de la conscience de soi de Hegel – qualifie de réalité institutionnelle de l'identité du moi. Selon cette réalité, les individus se reconnaissent dans leurs propriétés, acquises par les échanges et fruits de leur travail ; tous leurs honneurs et leurs vies en dépendent. Si défendre le territoire, du fait qu'il est considéré comme étant un acquis, relève du civisme ; allons voir des approches faites autour du civisme et allons voir comment on doit les comprendre.

DEUXIEME PARTIE :
LE CIVISME,
UN PILIER CENTRAL
DE L'ÉDIFICE SOCIAL

CHAPITRE III. — LA CHARPENTE DU CIVISME : UN MOULE À LA FORMATION SOCIALE

3.1. — Les constituants de la charpente du civisme

Les écrits consultés s'entendent presque unanimement à présenter le civisme comme étant une notion ambiguë qui, toutefois, réfère à la valeur. Ils admettent, tous aussi, dans un certain sens, que les deux antonymes du civisme, « anticivisme » et « incivisme » sont aussi des formes du civisme. L'un serait la profession d'une table de valeurs contraires à celles de la société [...] voire le rejet de toute adhésion à cette société ; l'autre (l'incivisme) pourrait dériver d'un « anticivisme » militant qui selon les niveaux du militantisme peut déboucher sur la désobéissance civile ou le terrorisme, etc.[70] C'est un débat qui continue à faire couler beaucoup d'encre.

Cependant, il faut se rendre à l'évidence que l'interaction humaine se réalise dans la seule finalité de construire une nature humaine basée sur des valeurs qui doivent être respectées des Hommes quand bien même ces valeurs seraient créées à partir de la déconstruction d'autres valeurs.

C'est une question de choix des élites dirigeantes avons-nous déjà souligné. Mais aucune société ne laisse déconstruire des valeurs, fruits de longues années, voire de siècles pénibles, de son travail. Dans ce contexte tout un mécanisme d'appréciation et d'amélioration des valeurs est toujours envisagé afin que de génération en génération les valeurs deviennent des habitudes ou la culture de tout un groupe d'Hommes, de tout un peuple qui s'y identifie et qui tente de s'y adapter selon des aléas conjoncturels.

Les valeurs sont, en ce sens, sans cesse, remises en question dans leur nature et sont créées, modifiées ou greffées selon les besoins du temps. Chaque génération a ses propres valeurs et, puisqu'il n'a jamais existé de génération spontanée, chaque

[70] « *Civisme* », 25 septembre 2007 (http://www.avicenne.orgcivisme.htm.)

génération est obligée de tenir compte des valeurs de la génération précédente. Mais l'acceptation ne vient pas de soi ; c'est une lutte à laquelle aucune génération ne peut déroger au risque de perdre son identité, son Histoire dont elle a tant besoin pour être fils à part entière, d'un territoire et d'une société.

La société n'est pas unique dans un monde unique. Si tel était le cas, on parlerait tout simplement de civilité. Les Hommes doivent pouvoir s'identifier à leur territoire pour pouvoir le défendre contre l'agressivité des conquérants. Et pour cela, l'idéologie force reste le civisme.

3.1.1. — Le champ contextuel du civisme

L'Histoire des conquêtes et de la colonisation fut l'Histoire des États puissants ayant une visée hégémonique et impérialiste qui consiste à exproprier les indigènes de leur territoire pour s'approprier les ressources qui s'y trouvent. Les ressources humaines (parmi ces ressources) sont primordiales. C'est pourquoi partout où les territoires sont tombés aux mains des conquérants les indigènes ont été réduits à l'esclavage. Le pillage des ressources des territoires conquis fait partie de la quête des valeurs de ces puissances qui cherchent à s'enrichir pour assurer le bien-être collectif de leurs peuples. L'agressivité, pour ces États, est un outil puissant qu'ils utilisent pour soumettre à leur caprice la matière qui ici comporte trois aspects : les indigènes, le territoire et les ressources naturelles. Donc, l'agressivité participe au processus de transformation de la nature de ces puissances.

Le civisme va émerger de ce contexte d'agressivité dans un double sens : d'abord, en termes d'action des conquérants et, ensuite, en termes de contre-agressivité des conquis. Paradoxalement, et le civisme des conquérants et celui des conquis s'organisent sur fond de violence collective. En effet, quand l'agressé s'organise pour ne pas être exproprié et anéanti, l'agresseur multiplie sa stratégie de destruction socioculturelle, voire physique, de l'indigène. L'un des éléments clés de cette stratégie, et parfois le plus puissant, est la corruption de certains indigènes. Cela permet d'affaiblir, sinon d'anéantir, toutes formes d'unité et de solidarité qui sont les premières armes de résistance des peuples des territoires conquis ; armes utilisées contre les conquérants.

C'est pourquoi penser le civisme c'est penser à la trilogie ; une trilogie faite *du territoire, du citoyen et des obligations* (normes). Trilogie, dans le sens de souveraineté territoriale en termes de protection du citoyen et cadre légal de relations entre citoyens/territoire et citoyen/citoyen. Voilà ce qui fait du civisme un puissant outil idéologique de construction ou de déconstruction du territoire dépend du manipulateur.

Dans un tel contexte, le civisme est loin d'être confondu avec ses antonymes (anticivisme et incivisme) comme certains intellectuels tendent à le faire croire. Il n'est pas non plus synonyme de civilité puisque la civilité est une de ses composantes ou de ses éléments constitutifs. Le civisme, comporte, pour ainsi dire, deux sous-ensembles : le patriotisme et le nationalisme. Ce dernier débouche, certaines fois, sur des manifestations à effets pervers qui sont des formes de réponse à l'agressivité hégémonique (colonialisme, impérialisme, xénophobie...). L'ambiguïté du civisme arrive même à le faire considérer comme « une anomie assez large, de sorte qu'il pourrait désigner la nostalgie ou la valorisation d'une intégration en déclin ou en déficit. »[71]

La nostalgie n'a rien à voir avec le civisme. Car, une valeur ne perd jamais avec le temps de sa valeur. Elle ne rentre pas en déclin. Elle a marqué son temps. Elle est pour le temps actuel une relique. Elle peut être banalisée pour des raisons d'État et/ou des raisons idéologiques ; mais dans la mémoire collective ou pour le marché son indice de valeur peut être graduellement à la hausse : Picasso, Martin Luther King, Toussaint Louverture, Che Guevara, Charles de Gaulle, Karl Marx, Louis pasteur, Adam Smith, le roi pelé... ce sont des valeurs éternelles comme le diamant, l'or, la perle, la Bible, le Coran... Ces valeurs servent aujourd'hui encore à faire

[71] « *Civisme* », 25 septembre 2007 (http://www.avicenne.orgcivisme.htm.)

triompher des idées et/ou à faire gagner des millions tant dans leurs domaines respectifs que sur leurs marchés respectifs.

Si la nostalgie, dans ce contexte, se réfère à l'agrément, à l'intelligence, à la conviction de réussir, ou de vaincre, elle a sa place dans le vocabulaire du civisme. Dans le cas contraire, il faut exclure la notion de valeur dans toute approche civique. La nostalgie, dans le contexte du civisme, est un cauchemar. Elle dure l'instant de son déroulement, pour être rapidement oubliée. Le civisme est un rêve, un idéal ; il s'inscrit dans la durée. Alors, on peut avancer que « La désobéissance politique n'est donc pas nécessairement un incivisme. Il existe parfois des devoirs civiques de désobéissance. »[72]

Certains critiques traduisent l'anticivisme comme une autre forme de civisme. À cela on peut répondre l'affirmative, s'il s'agit d'un État où la souveraineté est complète et totale. C'est-à-dire un État qui ne subit aucune ingérence impérialiste. Un État indépendant. Cependant, dans la mesure où il s'agit d'un État qui se fraie une voie vers la souveraineté l'incivisme ou la non soumission à l'ordre établi peut être considéré comme de la trahison, mais non comme de l'anticivisme. Les idéologues le savent et c'est de là qu'ils puisent l'inspiration nécessaire pour inventer les notions de citoyenneté, de nationalité, d'exil, de naturalisation, etc.

Le noyau central de cette source d'inspiration, et qui est à la base de toutes ces notions ou de ces concepts, c'est le territoire : l'espace d'implantation du citoyen au regard des obligations. Quiconque reste à l'angle de la discrimination pour observer le civisme risque de condamner des États riches comme étant les responsables de la pauvreté d'autres États. Faut-il évoquer la problématique du civisme selon un rapport de domination : pays riches/pays pauvres, pays développés/pays sous-développés ? Non, il ne le faut pas. C'est une question de choix des élites dirigeantes.

---

[72] D. Rousseau, 21 septembre 2007. « *L'État de droit est-il un État de valeurs particulières* ? » (Http://www.aix-mrs.iufm.fr/formations/filieres/ecjs/reflexions/etatdroit.html.)

Néanmoins, il n'est pas dans l'intention de ce livre de dédouaner le colonialisme avec tous ces effets pervers. Il faut tout simplement prendre ses responsabilités, car le conquérant, s'il a eu le pouvoir de piller systématiquement le territoire, n'a pas pu aliéner totalement l'esprit humain. En témoignent les guerres d'Indépendance des esclaves d'Haïti au XVIIIe siècle, le vaste mouvement de décolonisation des États africains au XXe siècle, à la fin de la Deuxième Guerre mondiale, etc.

L'anticivisme peut être considéré comme un manquement au civisme. C'est un antipatriotisme ou un antinationalisme. Il est contraire à une action civique. Car une action civique est une manifestation ou un comportement revendicatif de ses droits et/ou des droits de beaucoup d'autres Hommes et citoyens, qui sont en train d'être violés ou bafoués au regard des lois établies. Elle est une initiative d'entreprise individuelle ou collective, qui va dans le sens d'une intervention palliative au rôle que devaient jouer des instances étatiques, légalement constituées à cette fin ; mais qui sont incapables par démission ou incompétence, de prendre leurs responsabilités.

Livrée à elle-même, par exemple, une tranche d'une population s'organise à fournir de l'énergie électrique à toute la population qui en est totalement dépourvue. Cette action est civique mise à part l'intention cachée de cette tranche de la population. Non seulement cela ne fait pas partie de ses prérogatives, mais la portée de l'acte en soi dépénalise la population. C'est un acte de secours qui concourt au bonheur de la collectivité. Il existe toute une typologie d'actions civiques caractérisée par une seule et unique attitude : faire fi des institutions étatiques irresponsables, qui sont en désaccord avec les lois de gestion du territoire, une fois qu'il s'agit de sauver des vies et faire honneur à la société.

Donc, l'action civique est un acte qui honore et l'initiateur et la société. Ses différents aspects revendicatifs et palliatifs font prendre conscience de l'irresponsabilité de certaines institutions étatiques. De ce fait, elle peut déboucher sur une désobéissance civile qui peut susciter une réaction de contestation de la société et qui n'aurait rien à voir avec du banditisme ou du terrorisme qu'on aurait pu classer au rang d'anomie et/ou de déviance à l'instar de la délinquance juvénile. Ce sera une forme de mise en garde aux autorités par rapport à l'ordre établi au regard des lois. Là, l'État se met en situation d'être désobéi, ou d'être discrédité pour avoir lui-même manqué aux lois jetant ainsi le désordre dans la société.

Ce comportement n'est pas contre l'ordre. Donc, ce n'est pas non plus de l'anticivisme, car il n'est pas pour l'anéantissement de l'ordre. Cette désobéissance n'est ni l'antipatriotisme, ni même antinationalisme ; mais il s'agit d'une revendication au respect des droits de tout un chacun en ce qui le concerne pour le bon fonctionnement de l'administration territoriale.

Donc, il apparaît que l'explication de l'Anticivisme est à rechercher du côté des institutions qui sont là pour appliquer et faire appliquer les lois, mais qui ont failli à leur mission. Ce sont bien ces institutions-là qui pratiquent de l'Anticivisme ou de l'incivisme, car en ne respectant pas les pactes qui constituent le fondement de la société elles ouvrent des brèches à la désobéissance civile. Dans ce cas, l'anticivisme ne peut pas être défini à partir d'une action quelconque menée par une population insatisfaite de son mode de traitement. Son action, au contraire, est pour colmater cette brèche créée par le désordre institutionnel qui est de nature anticivique. Cependant, l'anticivisme de ces institutions, sous l'influence de l'action civique de cette population, permettra de mieux cerner ce désordre institutionnel pour redéfinir l'ordre préalablement établi qui, peut-être, est inadapté à la nouvelle réalité. On reprend ici P. Ansart : « Il n'y a pas d'ordre définitif du social, il y a toujours un désordre immanent qui le menace (...). Le désordre génère des troubles et des attentes qui participeront à la formulation du nouvel ordre ; des dynamiques de passages peuvent être discernées. »[73] C'est pour dire que le civisme, en termes d'ordre, n'est pas figé. Il subit l'influence du programme des générations – qui n'est pas toujours le même – et, aussi des vicissitudes des élites dirigeantes.

---

[73] P. Ansart, 1990. *Les sociologies contemporaines*. Paris : Seuil, pp. 255, 257.

Alors, des aspects d'un ordre peuvent être dépassés : question de génération. Il revient aux élites dirigeantes de chaque société, de chaque territoire de savoir manipuler les outils idéologiques et de pouvoir faire jouer aux institutions concernées, avec efficacité et efficience, les rôles qui leurs sont dévolus et qui les rendent garantes des droits (libertés) et des devoirs (créances) de l'Homme et du citoyen. C'est à ce prix qu'une société peut garder l'équilibre territorial et se vanter d'avoir des élites dirigeantes capables de concevoir et de consolider les agrégats du civisme.

3.1.2. — L'engagement des élites dirigeantes occidentales

La logique paradoxale veut que l'État occidental défende son citoyen partout où sa vie est menacée. En ce sens, tout citoyen d'un tel État incarne l'intégrité territoriale. Cependant, si ce même citoyen est de connivence avec une association terroriste – qui est contre l'intérêt de *l'establishment* –, sa tête est mise à prix. L'image d'un peuple c'est l'affaire de ses élites dirigeantes.

Ce n'est pas la faute des élites occidentales si d'autres élites font semblant d'ignorer que le citoyen est l'incarnation de l'intégrité territoriale et qu'en le négligeant elles ne font qu'appauvrir leurs peuples qui représentent une source de valeurs, leurs véritables fortunes. Il faut cesser de parler de fuite de cerveau dans le sens que l'occident est le principal responsable. Les élites occidentales ne font que ramasser de la matière grise ; abandonnée ou jetée par des élites qui ne savent quoi en faire et qui réduisent toute leur existence à la consommation ; jamais à la créativité ou à la production. Nous ne voulons pas encenser la politique des élites occidentales. Cependant, les élites non progressistes des pays sous-développés doivent cesser de les indexer comme responsables du malheur ou de la misère de leurs peuples.

Dans bien des domaines, les élites occidentales souvent récupèrent des valeurs que les élites des pays sous-développés prennent pour des futilités. Nombreux peuvent bien en vouloir aux Occidentaux tout en regrettant au fond qu'ils ne soient pas des leurs. D'ailleurs, les élites non progressistes, dans une certaine mesure, les prennent et les présentent comme des modèles. Sans la bénédiction de l'occident, ces élites ne croient même pas aux talents et aux compétences de leurs territoires. Elles ne leur font aucun crédit. La bénédiction de l'occident, pour ces élites-là, est sacrée.

Quoi qu'on dise, il faut reconnaître que l'occident en soi est une valeur pour avoir entrepris des actions de transformation et de réduction de la nature à une dimension voulue et qui tend vers l'universalisme.

N'importe qui à l'instar de M. Weber peut être amené à se poser la question suivante : « A quel enchaînement de circonstances doit-on imputer l'apparition, dans la civilisation occidentale et uniquement dans celle-ci, de phénomènes culturels qui [...] ont revêtu une signification et une valeur universelles ? »[74]

Une longue réponse, émaillée d'exemples et de références, a été apportée à cette question. Et en conclusion, M. Weber a pu faire ressortir le rôle déterminant de l'occident dans la civilisation des peuples. Alors écrit-il : « On trouve en Chine, dans l'Islam, toutes sortes d'instituts d'enseignement supérieur dont certains ne sont pas sans analogies superficielles avec nos universités, du moins avec nos grandes écoles.[75] Mais une recherche scientifique rationnelle, systématique et spécialisée et un corps (de spécialistes exercés) n'ont existé nulle part ailleurs à un degré approchant l'importance prédominante qu'ils revêtent dans notre culture. C'est vrai avant tout du bureaucrate spécialisé, pierre angulaire de l'État et de l'économie moderne en occident. Voilà un personnage dont on a connu des précurseurs, mais qui jamais et nulle part n'avait encore été partie intégrante de l'ordre social. Le bureaucrate, le bureaucrate spécialisé lui-même, est sans doute un phénomène fort ancien dans maintes sociétés ; et des plus différentes. Mais à aucune autre époque, ni dans aucune autre contrée, on n'aura éprouvé à ce point combien l'existence sociale tout entière, sous

[74] M. Weber, 1964. « *L'éthique protestante et l'esprit du capitalisme* ». Paris : Plon, p.7.
[75] Le possessif « nos » désigne ici l'occident.

ses aspects politiques, techniques, économiques, dépend inévitablement, totalement, d'une organisation de bureaucrates spécialisés et compétents. Les tâches majeures de la vie quotidienne sont entre les mains de bureaucrates qualifiés sur le plan technique et commercial, et surtout de fonctionnaires de l'État qualifiés sur le plan juridique.

L'organisation de la société, en corps ou États, a été largement répandue. Mais la monarchie fondée sur les États, le *Rex* et *Regnum* au sens occidental n'a été connue que de notre civilisation. De plus, parlements constitués par des représentants du peuple élus périodiquement, gouvernements de démagogues, chefs de partis, ministres responsables devant le parlement, tout cela appartient en propre à l'occident, bien que naturellement les partis politiques, au sens d'organisations cherchant à influencer et à conquérir le pouvoir, aient existé partout. D'une façon générale, l'État, défini comme une institution politique ayant une constitution écrite, un droit rationnellement établi et une administration orientée par des règles rationnelles ou lois, des fonctionnaires compétents, n'est attesté qu'en occident avec cet ensemble caractéristique, et ce, en dépit de tous les rapprochements possibles. »[76]

L'État – le responsable de la gestion du territoire, d'une société, s'il n'est pas organisé – ne peut prétendre garantir le devenir d'un peuple qui pour exister exige un idéal, un rêve collectif qu'il porte pendant toute son existence comme un projet à réaliser au fil du temps, de génération en génération, selon des plans conçus au regard d'objectifs tactiques et stratégiques. Là, il dessine déjà les dimensions de son territoire constituées d'une grandeur physique et d'une grandeur réelle lesquelles participent à la grandeur d'âme du peuple : sa grandeur sociale.

Cette grandeur sociale se construit à partir de consensus – fait de normes ou d'obligations – entre tous les membres de la société ; des membres qui s'entendent à se fixer des limites et à mettre des balises pour éviter la frustration, l'humiliation interne à une classe et/ou entre les classes. Franchir ces limites c'est une violation du

[76] M. Weber, op.cit., p. 10-11.

consensus un manquement au civisme. Des obligations s'imposent et doivent être, de part et d'autre, respectées pour sauver l'intégrité territoriale. « La souveraineté, écrit T. Hobbes, a été établie par la force des pactes que les sujets ont faits entre eux [...]. Mais bien que la souveraineté ait été établie par les conventions que les particuliers ont faites les uns avec les autres ; [...] le droit de l'empire ne dépend pas de cette seule obligation : car on s'oblige réciproquement à celui qui le possède. Et on suppose que chaque particulier, contractant avec son voisin, a tenu ce langage : « Je transfère mon droit à celui-ci, à condition que vous lui transfériez aussi le vôtre. » Après quoi, le droit que chacun avait d'user de ses forces pour son bien propre demeure transféré tout entier pour l'intérêt commun à cette personne, ou à cette cour à laquelle on a transmis la souveraineté. De sorte qu'outre les conventions mutuelles des particuliers entre eux, il se fait une donation de droit laquelle, on est obligé de faire valoir au souverain. Et ainsi, la puissance souveraine est appuyée de deux côtés, de l'obligation des sujets les uns envers les autres, et de celle dont ils s'obligent directement à la république. » (1642, 91-92)

En effet, au cours de leur interaction les échanges entre les Hommes se font sur la base de normes. Ils échangent des comportements ou des attitudes dignes de leur rôle d'acteur sur la scène territoriale. Tout ceci caractérise le dynamisme du civisme. On comprend dès lors que les obligations font aussi partie intégrante de ce dynamisme, puisqu'elle est l'enveloppe ou le contenant des normes constitutives du civisme. Il y a des normes qui sont variables d'un groupe de citoyens à un autre groupe de citoyens et d'autres normes qui sont une pour tous les citoyens, mais modifiables avec le temps. Deux aspects de toute importance qui permettent de distinguer le comportement civilisé du comportement civique d'un même citoyen. Deux comportements distincts qui ne traduisent pas la même chose. Le premier s'apparente à la civilité et le deuxième au patriotisme ou au nationalisme.

C'est pour dire déjà qu'il existe des lieux d'échange – des espaces de négociation – où les Hommes interagissent pour influencer l'échelle de grandeur de ces symboles de comportement ou de ces valeurs.

Dans ces lieux ou espaces d'échanges, tout se déroule autour de la personnalité qui est un produit du social et du culturel. Ce produit (la personnalité) est fondamental pour sceller des pactes qui vont donner naissance à la citoyenneté considérée comme les normes de fondement du citoyen. Donc, les échanges mettent en rapport des valeurs et des agents de valeurs désignés sous un nom unique : *le citoyen.*

En conséquence, la valeur du citoyen est fonction de sa personnalité. Si le cadre social conçu par les élites dirigeantes est d'une bonne facture, le citoyen est un produit de valeur, dans le cas contraire il est un produit dévalué. Autrement dit, le citoyen épouse la configuration des normes de négociation ; lesquelles fondent les lieux d'échanges représentatifs du territoire. Ces lieux ont toujours existé dans le temps. Le passage du matriarcat au patriarcat, à l'époque préhistorique, mis à part toutes considérations, traduit l'existence de tels lieux. La division du travail est aussi le témoignage de l'existence de ces lieux. Les temps historiques, par ailleurs, les ont institutionnalisés.

3.1.3. — Des lieux représentatifs du territoire

La Grèce antique a connu l'Agora, la Rome antique le Forum, les Temps modernes ont connu le Parlement... En Grèce antique, *l'Agora* désigne le lieu de rassemblement, le marché de la cité ; l'Agora d'Athènes n'était pas seulement un marché animé et odorant ; c'était également la place des institutions démocratiques. Il s'y dressait le Bouleutérion où siégeait le Conseil des cinq-cents chargé de rédiger les lois qui seraient votées à l'Assemblée. L'Agora était en fait le centre de la vie sociale. L'Agora est l'équivalent du forum dans la Rome antique[77]. Les parlements apparaissent au Moyen Âge. Ils sont issus en principe de la *Curia Regis* (conseil du roi) dont ils sont l'établissement dans une région dépendant directement de la couronne. Le parlement représente les

[77] « *L'agora* », 4 novembre 2007 (http://fr.wikipedia.org/wiki/agora.)

citoyens, mais peut aussi par exemple dans un État fédéral, représenter des territoires.[78]

Le devenir du territoire passe par ces lieux, se négocie en ces lieux qui sont relayés par d'autres lieux, d'autres organisations humaines considérées comme étant des instances de socialisation ; des instances qui, de leur côté, font atterrir toute la conception qui y est produite.

Ces lieux sont la cuisine de la conscience humaine. Ils modélisent le comportement humain avec l'assentiment du citoyen. Nul n'a besoin de nous dire que les cuisiniers sont à la fois des convives qui eux aussi participent à la consommation des recettes. Donc, les cuisiniers en tant que concepteurs, leurs goûts, leurs caprices y sont ajoutés quand bien même ils seraient indigestes aux autres. L'idée de concession, à ce niveau, est de rigueur. Tous les convives n'ont pas été à la cuisine, mais tous y adhèrent de sorte que le lieu (la cuisine) soit en mesure de continuer à jouer, pleinement son rôle dans l'équilibre sociétal.

L'Organisation des Nations Unies n'est-elle pas aujourd'hui le reflet de l'Agora ou du Forum antique et du parlement moyenâgeux où se dessine le destin des nations ? Cette question ne s'applique-t-elle pas, aussi, à des organisations régionales comme l'Organisation des États américains, l'Union africaine, l'Union européenne, etc.?

Quoiqu'on pense, l'interaction humaine transcende les frontières territoriales ou étatiques pour devenir mondiale. Les élites dirigeantes élargissent le cadre de leur solidarité pour dicter des comportements identiques aux Hommes de toute la planète et pour mieux asseoir un type d'ordre. Rêverie ou réalité ?

M. D'Alembert – dans son éloge à Montesquieu en faisant l'analyse de *L'esprit des lois* – a dégagé le paradoxe de ces lieux extraterritoriaux que les élites dirigeantes ne doivent pas confondre avec ceux de leur propre territoire qu'elles doivent organiser pour

---

[78] « *Le parlement* », 4 novembre 2007 (http://fr.wikipedia.org/wiki/parlement.)

éponger les antagonismes de classes de leur propre société. Sinon elles risquent, par leur incompréhension, de compromettre l'existence de l'institutionnalisation des lieux tant extraterritoriaux que territoriaux. Les élites en ce sens doivent être en mesure d'évaluer ce qui peut les unir et les désunir au sein de chaque structure. « L'intérêt, le besoin et le plaisir – selon lui – ont rapproché les Hommes. Mais ces mêmes motifs les poussent sans cesse à vouloir jouir des avantages de la société, sans en porter les charges ; et c'est en ce sens qu'on peut dire, avec l'auteur, que les Hommes, dès qu'ils sont en société, sont en état de guerre. Car la guerre suppose, dans ceux qui se la font, sinon l'égalité de la force, au moins l'opinion de cette égalité ; d'où naissent le désir et l'espoir mutuel de se vaincre : or, dans l'état de société, si la balance n'est jamais parfaite entre les Hommes, elle n'est pas non plus trop inégale. Au contraire, ou bien ils n'auraient rien à se disputer dans l'état de nature, ou si la nécessité les y obligeait, on ne verrait que la faiblesse, fuyant devant la force des oppresseurs sans combat, et des opprimés sans résistance.

« Voilà donc les Hommes réunis et armés tout à la fois, s'embrassant d'un côté, si on peut parler ainsi ; et cherchant, de l'autre, à se blesser mutuellement. Les lois sont le lien, plus ou moins efficace, destiné à suspendre ou à retenir leurs coups. Mais l'étendue prodigieuse du globe que nous habitons et la nature différente des régions de la terre et des peuples qui la couvrent ne permettent pas que tous les Hommes vivent sous un seul et même gouvernement, le genre humain a dû se partager en un certain nombre d'États, distingués par la différence des lois auxquelles ils obéissent. Un seul gouvernement n'aurait fait du genre humain qu'un corps exténué et languissant, étendu sans vigueur sur la surface de la terre : les différents États sont autant de corps agiles et robustes, qui, en se donnant la main les uns aux autres, n'en forment qu'un, et dont l'action réciproque entretient partout le mouvement et la vie. »[79]

---

[79] Montesquieu, 1979. *De l'esprit des lois I.* Paris : Garnier Flammarion, pp. 93-94.

Dans tous les cas, dans ces lieux représentatifs du territoire, ce qui unit les Hommes n'est pas aussi fort que ce qui les désunit. Mais, paradoxalement, c'est en ces lieux que se fait valoir la grandeur sociale d'un peuple et de ces élites. Les élites, qui n'ont pas pu doter leur État de solides institutions de socialisation, sont appelées à singer des attitudes qui feront d'eux des citoyens de nulle part et en conséquence, non représentatives d'un territoire ou d'un peuple qui n'arrivera jamais à les accepter.

3.2. — L'ossature du civisme

L'ossature du civisme ne tient qu'à tout ce qui lui permet, en tant que pilier de la territorialité, de garder sa verticalité sans fléchir sous le poids des conjonctures sociopolitiques (internes et/ou externes) capables de provoquer l'effondrement du système socioculturel et économique. Grâce aux diverses composantes fondamentales du civisme, le patriotisme et le nationalisme, elle contribue, à atténuer les différents types de sollicitation qui peuvent ébranler la patrie comme étant l'édifice qui protège le peuple contre les intempéries venant des puissances colonialistes ; intempéries qui peuvent entraîner ce peuple vers la perte de son identité ou de sa souveraineté. Donc l'ossature du civisme c'est du solide, du quasi incassable qui – en dépit de l'agressivité hégémonique des forces colonialistes – empêche de saper le fondement de l'existence territoriale ou le droit à la propriété privée d'un peuple.

Dans ce contexte, l'ossature du civisme augmente la force de résistance du civisme, c'est-à-dire sa capacité de réaction face à des actions de forces contraires qui tendent au déséquilibre du territoire.

Le citoyen et les obligations du citoyen constituent l'armature, l'acier de cette ossature. Entendons par là, les éléments solides qui la rendent, en tant que pilier, « quasi incassable ». L'élasticité de ces éléments, face aux forces contraires ou de déséquilibre, devient encore plus grande grâce aux rapports d'influence, de solidarité ou du moins de réciprocité que le cadre social établit entre eux. En effet, l'armature d'un pilier est une manifestation d'entrelacement de ses éléments solides ; entrelacement variable selon les sollicitations auxquelles le pilier est et sera éventuellement assujetti.

3.2.1. — Le cadre social

On ne peut pas parler de citoyen en dehors d'un cadre social, forgeur de personnalité et synonyme de normes qui fondent les lieux d'échange représentatifs du territoire. L'idée de cadre, en général, est restrictive, limitative. Elle conditionne la pensée humaine à des limites en guise de principes de modélisation de l'action humaine. Contrairement à beaucoup d'autres cadres, le cadre social – sous l'influence des forces de torsions sociales – épouse la configuration « adéquatement appropriée » sans pourtant s'éclater et se désarticuler. Il peut évoluer soit dans le sens de la réforme sociale, soit dans celui de la révolution politique : deux modes différents de changement social qui impliquent chacun un mode de fonctionnement de la société auquel le citoyen doit s'y adapter.

« Les résultats des observations montrent que la personnalité, dont les propriétés et caractères sociaux, moraux et psychologiques ne font qu'un, se forme au cours de toute la vie, de toute l'activité de l'Homme. À travers ses contacts avec son entourage, l'Homme assimile les normes de conduite, les notions et les conceptions de morale et de droit, les valeurs sociales et culturelles, il renouvelle continuellement ses besoins, ses intérêts et ses aspirations. Dans le même temps, il est loin d'être un jouet du sort, un objet passif destiné uniquement à subir l'action de l'environnement ; l'Homme crée lui-même jusqu'à un certain point les conditions de son existence et, par conséquent, sa propre personnalité. La formation de la personnalité est un processus complexe, épineux et à la fois logique, qui se développe « en spirale », c'est-à-dire que ce processus prépare lui-même les conditions pour son développement ultérieur et constitue en quelque sorte la cause de son propre automouvement. »[80] Les élites dirigeantes de toute société doivent

[80] N.Doubinine, *op.cit*, p.181.

tenir compte de ces observations pour camper le cadre social. En effet, ce dernier doit être conçu selon leurs visions prospectives de l'Homme et de l'existence. Donc, le cadre social doit être durable c'est-à-dire basé sur le devenir de chaque génération d'Hommes qui, de près ou de loin, sont enracinés dans le territoire soit par les liens du sang soit par des intérêts économiques. Il doit être, aussi, porteur du programme et des projets – des générations actuelles et contemporaines – qui s'enrichissent avec le temps et les expériences que leurs ont léguées des générations antérieures. Cependant, il revient à se demander de quoi est constitué le programme social de chaque génération.

« Chaque génération doit suivre un programme social objectivement conditionné et souvent constitué spontanément, programme qui reflète l'état des cultures matérielle et intellectuelle, le type des rapports sociaux, le niveau de développement des forces productives, ainsi que les relations matérielles et idéales entre les personnes qui composent précisément cette génération. Le programme social est représenté au niveau des objets par les technologies, les monuments d'art, l'architecture, les moyens de transport ; et une masse d'autres choses humanisées. Il trouve aussi son expression dans des systèmes sémiotiques : œuvres littéraires et publications scientifiques, peinture, musique, normes de droit. Chaque nouvelle génération se forme aussi au travers des diverses relations des individus au sein des groupes sociaux, grands et petits. C'est dans la société, et rien que dans la société, qu'apparaissent les besoins sociaux et individuels et que les comportements acquièrent une motivation. »[81]

Le cadre social est en conséquence conçu en vertu du programme social des générations. La définition du citoyen se fait à l'intérieur de ce cadre dont la grandeur détermine le champ d'action de l'Homme qui est source de conflits entre l'intérêt individuel et l'intérêt collectif. La grandeur de chaque société dépend de la capacité des instances de socialisation à faire cohabiter ces deux intérêts en l'Homme qui, au moment opportun,

[81] Ibid., p.18.

doit laisser primer le collectif au bénéfice de tout un chacun. Le « qui perd gagne » retrouve dans ce cadre social toute sa signification et la conscience contraignante toute sa force. On comprend aisément qu'ici on est en plein dans « la théorie de la conscience de soi » de Hegel, où le moi est pris comme identité de l'universel et du singulier : socialement, l'Homme ne saurait exister sans l'Homme. Jean-Jacques Rousseau définit le citoyen comme « un être éminemment politique qui exprime non pas son intérêt individuel, mais l'intérêt général. Cet intérêt général ne se résume pas à la somme des volontés particulières, mais la dépasse. »[82]

Établissant les règles de la grandeur sociale, ce cadre n'est pas en tout temps et en tous lieux le même. D. Diderot dans *L'Encyclopédie* expose les réalités athéniennes et romaines au cours de l'Antiquité quant au processus d'accession à la citoyenneté.

La citoyenneté, en effet, est un processus de transformation de l'être biologique (esclave des besoins physiologiques) en être socio légale soumis à des lois qui lui sont imposées par la société comme la nature lui en a imposées. Selon Chanel Armand, il y a une culture citoyenne qui est une réalité multidimensionnelle. Partant de ce fait, il écrit : « les observateurs s'accordent à analyser la citoyenneté selon trois dimensions : c'est d'abord un idéal, c'est à dire des valeurs mobilisatrices ; c'est ensuite un ensemble articulé de normes politico-juridiques, c'est-à-dire de droits et de devoirs qui se légitiment les uns les autres et sont garantis par le pouvoir politique qui s'exerce encore pour l'essentiel dans le cadre de l'État-nation ; c'est enfin un certain nombre de pratiques effectives des citoyens pour participer activement à l'animation de la vie collective dans la Cité. Valeurs, normes et conduites sociales effectives : voilà bien les éléments d'une culture au sens sociologique du terme, qui n'a rien de « naturel », qui est au contraire variable selon les lieux et les époques, et apparaît donc comme un

---

[82] Un article de Wikipédia, 21 septembre 2007 (http://fr.wikipedia.org/wiki/citoyen.)

« construit » historique, qui devra en conséquence être acquis et transmis pour survivre et se développer. »[83]

On a pu remarquer que le cadre social ne se conçoit pas, non plus, en marge des contradictions sociales. Au contraire, c'est une construction des élites dirigeantes, au regard des besoins de la classe dominante, qui se dote de cet appareillage idéologique et coercitif pour sauvegarder ses intérêts. Toute la gestion des rapports de classes, c'est-à-dire entre la classe dominante et la classe dominée, se fait à l'aide de cet appareillage. Les dominés y sont assujettis, mais s'en rendent difficilement compte ; par le fait que des mécanismes sont prévus et mis en place pour assurer le transfert d'une strate sociale à une autre et de la classe dominée à la classe dominante. La grandeur sociale d'un territoire passe par son cadre social et va avec l'aspiration, le rêve, l'idéal des élites dirigeantes de chaque société. Il en a été ainsi depuis la nuit des temps.

3.2.2. — Le citoyen à travers le cadre social

Émanation de la grandeur sociale [...] le citoyen est caractérisé par l'acte de sacrifier son intérêt au profit de celui de la collectivité. Il est action et reflet, l'échantillon représentatif et la forme réduite de cette grandeur : une miniature de la grandeur sociale.[84] Cela signifie que le citoyen est une situation en devenir. On ne naît pas citoyen ; on le devient. C'est peut-être une aberration de penser ainsi, car dans un passage de *l'Encyclopédie* D. Diderot affirme : « On peut distinguer deux sortes de citoyens, les originaires et les naturalisés. Les originaires sont ceux qui sont nés citoyens et les naturalisés ceux à qui la société a accordé la participation à ses droits et à ses franchises, quoiqu'ils ne soient pas nés dans son sein. »[85] Cependant, ce passage de *l'Encyclopédie*

---

[83] C. Armand, 21 septembre 2007. « *Citoyenneté et civilité* » (http://www.aix-mrs.iufm.fr/formations/filieres/ecjs/reflexions/citoyennete.htm.)

[84] T. Direny, septembre 2006. *Une démarche vers la compréhension du champ thématique lié à la problématique du civisme en Haïti.* Document produit à l'intention du Ministère de la Jeunesse des Sports et de l'action civique, p.3.

[85] D. Diderot, 4 octobre 2007. *Article de l'Encyclopédie (citoyen)* (http://fr.wikisource.org/wiki/Citoyen.)

est loin de traduire toute la pensée de Diderot quant au processus de devenir citoyen.

On devient citoyen, mais on est né Homme : un être biologique mû par des besoins physiologiques. Au nombre de ces besoins, la sexualité joue le rôle fondamental de la reproduction de l'Homme par un acte à la fois naturel et interactif. Cet acte dénaturé au profit du droit du père n'a pas perdu de son interaction qui a été renforcée par la naissance socio juridique de l'Homme qui, désormais en plus des droits naturels, jouit à la naissance des droits civils. C'est par là, aussi, qu'il faut tenter de trouver l'explication du droit de la propriété privée et sa porte d'entrée dans l'Histoire de l'humanité. Le citoyen, en conséquence, ne peut pas être vu seulement à partir de son comportement civique qui est l'expression de son éducation civique assurée par les lieux de socialisation. Sinon, on risque de rendre stérile la matrice sociale qui l'a enfanté.

En effet, dans la communauté primitive polyandrie et polygamie furent les maîtres mots de l'interaction entre les sexes. La naissance fut une banalité dans le sens l'enfant était l'enfant de tout Homme : fils ou fille de toute la communauté. La paternité, si elle avait un sens, n'était pas circonscrite dans un champ de légalité ou de droit. Aucun Homme ne pouvait revendiquer l'exclusivité d'un enfant. D'ailleurs, la femme non plus ne saurait dire que tel est le père de son enfant parce qu'elle n'était pas en mesure de détecter le véritable géniteur. Pour répéter – B. Malinowski, L. H. Morgan, Marx et F. Engels, ce fut le règne de la promiscuité sexuelle. « Ce penchant aveugle, dépourvu de tout sentiment du cœur, ne produisit qu'un acte purement animal. Le besoin satisfait, les deux sexes ne se reconnaissaient plus, et l'enfant même n'était plus rien à la mère sitôt qu'il pouvait se passer d'elle. »[86]

Cependant une fois que l'humanité s'entend pour bannir ou pour freiner la polyandrie, l'enfant devient la propriété privée d'un Homme. Et ce n'est pas sans raison que les anthropologues parlent de l'avènement du patriarcat. Le concept patrie, dès lors, fait son apparition. Il traduit alors l'autorité du père sur son enfant et

---

[86] J-J. Rousseau., *op.cit.*, p.54.

l'attachement de celui-ci à un Homme et un seul. L'égoïsme et la jalousie s'installent. Par extension, l'Homme va exercer cette autorité sur la femme, disons mieux sur sa femme. La famille est née.

« Le pouvoir exclusif des Hommes une fois établi, son premier effet se fait sentir dans la forme intermédiaire de la famille patriarcale qui apparaît alors. Ce qui la caractérise essentiellement, ce n'est pas la polygamie [...], mais l'organisation d'un certain nombre d'individus, libres ou non qui constituent une famille sur l'autorité paternelle du chef de celle-ci. [...]. Le mot *familia* ne signifie pas, à l'origine, cet idéal du philistin contemporain fait de sentimentalisme et de scènes de ménage. Tout d'abord, il ne s'applique même pas chez les Romains au couple et aux enfants de celui-ci, mais aux seuls esclaves. [...]. L'expression fut inventée par les Romains afin de désigner un nouvel organisme social dont le chef tenait sous l'autorité paternelle romaine la femme, les enfants et un certain nombre d'esclaves et avait sur eux tous droit de vie et de mort. »[87]

Désormais, il revient au père de prendre soin de son enfant, de sa famille. L'oisiveté n'a plus sa place dans l'existence de l'Homme devenu père qui a sous sa responsabilité une ou plusieurs femmes et un ou plusieurs enfants. La société venait alors de créer un être égoïste à qui elle doit en retour prêter beaucoup d'attention de peur que son égo ne le transforme en monstre. Le contrôle de la production et celui du travail des esclaves deviennent indispensables. *Ceteris Paribus*, la propriété privée de l'enfant exige la propriété privée de l'espace d'évolution de l'enfant. Dès lors, ce ne fut point l'espace communautaire comme sous le matriarcat. L'humanité va évoluer dans un individualisme qui exigera ses propres principes.

Tout peut porter à croire dans la fin de l'Homme primitif. C'est plutôt un changement dans la structure de parenté vieille de plusieurs millénaires. Le ventre de la femme – qui autrefois a

[87] F. Engels, 1979. *L'Origine de la famille de la propriété privée et de l'État*. Paris : Éditions sociales, p.131.

permis la mutation de l'embryon au fœtus jusqu'à l'enfant – cesse depuis d'être le seul espace de référence ou de l'identité de base de l'Homme. La naissance est devenue sociale et juridique, liée à l'espace patrimonial du père. L'héritage génétique, inaltérable par nature, transcende toute forme de structure de parenté jusqu'à favoriser la greffe de l'héritage juridique. « La nature ne ment jamais, dit J.-J. Rousseau. Tout ce qui sera d'elle sera vrai. Il n'y aura de faux que ce que j'y aurai mêlé du mien sans le vouloir. »[88] Les tests d'ADN corroborent aujourd'hui cette réflexion du philosophe. Ils permettent à l'humanité de retrouver le complice sexuel de la mère en la personne du géniteur que l'enfant est « condamné » à appeler papa. Ils relancent aussi le débat sur l'article 312 du code de Napoléon.[89]

Cette complicité – mise à nu par le travail humain – a abouti à l'émergence d'un nouveau concept qui traduit la parfaite interaction sexuelle : la *mère patrie*. L'idée même traduit l'intensité, le degré renforcé de l'égoïsme humain puisque le bien-être de l'Homme en dépend. Pas question de porter préjudice à cet espace encore moins de tenter d'en déraciner l'Homme : le natif. Sinon, ce sera la guerre jusqu'à ce que mort s'ensuive. Il en découle, alors, une forme de solidarité entre ceux-là qui sont issus de cette matrice et qui se considèrent comme étant les dignes héritiers. N'empêche qu'entre eux les inégalités, surtout dans le partage, entraînent toujours des heurts.

Cependant, « instruit par l'expérience que l'amour du bien-être est le seul mobile des actions humaines, il (l'Homme)[90] se trouva en état de distinguer les occasions rares où l'intérêt commun devait le faire compter sur l'assistance de ses semblables, et celles plus rares encore où la concurrence devait le faire défier d'eux. Dans le premier cas, ils s'unissent avec eux en troupeau, ou tout au plus par quelque sorte d'association libre qui n'obligeait personne, et qui ne durait qu'autant que le besoin passager l'eût formé. Dans le second cas, chacun cherchait à prendre ses avantages, soit à force ouverte

---

[88] J-J. Rousseau, *op.cit*, p.25.
[89] L'enfant conçu dans les liens du mariage a pour père le mari.
[90] Souligné par nous.

s'il croyait le pouvoir, soit par adresse et subtilité s'il se sentait le plus faible. »[91] Le citoyen est né.

Les réalités athénienne et romaine relatées par D. Diderot dans *L'Encyclopédie* traduisent le processus de devenir citoyen à travers des normes qui tiennent lieu de cadre social. À ce propos, il écrit : « Il n'y avait guère à Athènes de citoyens que ceux qui étaient nés de parents citoyens. Quand un jeune Homme était parvenu à l'âge de vingt ans, on l'enregistrait [...], l'État le comptait au nombre de ses membres. On lui faisait prononcer dans cette cérémonie d'adoption un serment... à la face du ciel. »[92]

« [...] On devenait cependant citoyen d'Athènes par l'adoption d'un citoyen, et par le consentement du peuple ; mais cette faveur n'était pas commune. Si l'on n'était pas censé être citoyen avant vingt ans, on était censé ne plus l'être lorsque le grand âge empêchait de vaquer aux fonctions publiques. Il en était de même des exilés et des bannis, à moins que ce ne fût par l'ostracisme. Ceux qui avaient subi ce jugement n'étaient qu'éloignés.

« Pour constituer un véritable citoyen romain, il fallait trois choses : avoir son domicile dans Rome, être membre d'une des trente-cinq tribus, et pouvoir parvenir aux dignités de la République. Ceux qui n'avaient que par concession et non par naissance quelques-uns des droits du citoyen n'étaient, à proprement parler, que des honoraires.

« [...] Il y avait une grande différence entre un citoyen et un domicilié. Selon la loi *De Incolis*, la seule naissance faisait des citoyens, et donnait tous les privilèges de la bourgeoisie. Ces privilèges ne s'acquéraient point par le temps du séjour. Il n'y avait sous les consuls que la faveur de l'État, et sous le règne des

---

[91] J-J. Rousseau, *op.cit*, p.56.
[92] D. Diderot, 4 octobre 2007. *Article de l'Encyclopédie (citoyen)* (http://fr.wikisource.org/wiki/Citoyen.)

empereurs que leur volonté qui pût suppléer en ce cas au défaut d'origine. »[93]

Ces deux réalités, de *l'Encyclopédie*, que nous avons choisies pour illustration, d'exposer à votre réflexion, définissent beaucoup plus les conditions ou règles pour être citoyen sans pourtant permettre d'entrevoir les causes qui sous-tendent ces règles et qui constituent le fondement de la grandeur sociale d'Athènes et de Rome. Diderot l'a assurément fait ressortir dans son œuvre. Mais répétons Montesquieu : « Il ne faut pas toujours épuiser un sujet qu'on ne laisse rien à faire au lecteur. Il ne s'agit pas de faire lire, mais de faire penser. »[94]

Disons que le citoyen est une couverture, un habit étranger à la nature humaine, confectionnée sur mesure. C'est une invention de la société. Donc de l'Homme. Dire d'un individu qu'il est citoyen c'est lui faire porter cet habit ou l'envelopper de cette couverture dont la grandeur sociale est la marque. Cette invention n'est pas du siècle passé. Elle puise ses origines dans les conquêtes et les guerres.

Quand la grandeur sociale fait défaut, le citoyen ne peut même pas être considéré comme étant un déviant. Il faut tout simplement comprendre que les canaux qui auraient dû participer à sa citoyenneté sont en état de dysfonctionnement. Pallier ce dysfonctionnement consiste dans un processus de remise en question systématique du culturel et du social à travers une recherche diversifiée de solutions sous le générique de : « consensus social ». Ce dernier est l'enveloppe des normes et/ou des obligations auxquelles doit se soumettre tout individu, tout Homme.

3.2.3. — Le territoire : espace d'implantation du citoyen

Le territoire est une projection de la grandeur sociale sur des lieux – de l'environnement humain (terres, eaux, mers, airs) –

---

[93] Ibid.
[94] Montesquieu, *op.cit*, p.326.

organisés de sorte qu'ils forment un espace unifié auquel un collectif d'Hommes s'identifie comme un enfant s'identifierait à la femme qui lui a donné naissance.

Cette organisation est une œuvre d'inspiration idéologique et/ou patriotique. Elle s'inspire de l'ego humain ou de la propriété privée dont l'aménagement du territoire en est l'outil de construction conçu à partir de la planification sociale (économique) et de la planification spatiale qui sont toutes deux réalisées au regard du respect de normes scientifiques et techniques.

À ce sujet, tout est prévu pour assurer l'évolution des lieux en question ou de l'espace avec tout ce qui le constitue ; en particulier sa population (d'Hommes). Pour ainsi dire, de façon générale, la grandeur sociale caractérise toutes les autres formes de grandeur du territoire : sa grandeur réelle et sa grandeur physique. C'est ce qui permet de dire que « le territoire est un espace marqué par le politique, par tout ce qui structure la société. Il existe deux facettes : l'une venant, des pouvoirs qui encadrent la société, l'autre venant de la société elle-même. Ce sont deux aspects complémentaires. Voyons donc le territoire comme une construction sociopolitique sur un espace donné. »[95]

Le citoyen, porteur de cette construction sociopolitique, dans ce contexte, est la condition *sine qua non* à l'existence des grandeurs réelle et physique. Il est une émanation de la grandeur sociale qui, dans sa projection sur l'espace en termes de lieux, détermine la configuration du territoire et délimite les frontières de sa grandeur réelle. Politiquement, cette dernière doit être soit supérieure, soit égale à la grandeur physique, mais ne doit jamais lui être inférieure. Sinon le territoire, en tant qu'espace d'implantation et de production de valeurs sociales, reste inexploité et devient la convoitise de certains pouvoirs extraterritoriaux en mal de valoriser leurs citoyens.

Grandeur physique et grandeur réelle, en matière territoriale, sont deux variables inséparables. Mais la grandeur physique est au

---

[95] « *Le territoire* », 20 novembre 2008 (http://fr.wikipedia.org/wiki/Territoire.)

variable dépendante du fait qu'elle résulte de la philosophie ou de la vision politico-économique des détenteurs du pouvoir : des élites dirigeantes. Aucun territoire ne peut s'en passer. Plus la vision politico-économique des élites dirigeantes répond aux intérêts du bien-être collectif, plus s'accroît la grandeur réelle du territoire, plus le territoire acquiert de la valeur et plus le citoyen s'y identifie.

Cette vision est complexe puisqu'elle va avec la technique et la science. Les détenteurs du pouvoir les prennent-ils en compte pour pouvoir faire la gestion du territoire ? Répétons que c'est une question de choix des élites. Quel type de grandeur privilégient-elles ? Croient-elles en la notion de citoyen ? Ne confondent-elles pas les notions de citoyen et de mercenaire ?

Pour forger le territoire et assurer son existence, les élites dirigeantes doivent poser et traiter la problématique de la conscience de soi ou de la conscience, à proprement parler, qui « existe comme le milieu où les sujets se rejoignent, de telle manière qu'ils ne pourraient pas être des sujets sans se rejoindre[96]. Le territoire doit incarner cette idéologie de la solidarité des citoyens qui se renforce par la conscience technocratique qui est moins idéologique que toutes les idéologies antérieures, car elle n'a pas la puissance opaque d'un aveuglement qui se contente de donner l'illusion d'une satisfaction des intérêts. »[97]

L'idéologie de la solidarité est indispensable à la fondation du territoire du fait que l'Histoire de tout territoire est une Histoire de conquête c'est-à-dire d'appropriation qui met face à face les premiers occupants et les prétendus ayants droit. À ce niveau, l'épreuve de la force va déterminer l'ayant droit : le maître de l'espace, le propriétaire. La guerre ou le conflit armé a toujours été la règle d'appropriation. « Chez les Germains (vainqueurs) de l'Empire romain, l'État naît directement de la conquête de vastes

[96] J. Habermas, op.cit., p. 169.
[97] Ibid., p.59.

territoires étrangers... »[98] Les victimes de la guerre deviennent les grands perdants. Systématiquement,

L'existence d'un territoire fait référence à la violence. L'appropriation du territoire est donc violente. Encore plus violente quand elle résulte du conflit armé entre les Hommes.

La violence est aussi parfois provoquée par les rigueurs de la nature. Dans ce cas de figure, il faut remonter très loin dans le temps tout en faisant fi des sociétés nomades. À ce titre, prenons le cas des migrants chassés par la période glaciaire et qui ont été contraints à traverser le détroit de Béring pour se retrouver un peu partout en Amérique. Ivan Van Sertima, dans son livre. *Ils y étaient avant Christophe Colomb*[99], a permis d'apprécier la configuration démographique du continent américain avant le XVe siècle et son mode d'organisation. Des Asiatiques comme des Africains ont dû faire cette traversée pour s'établir en Amérique : s'approprier un espace du continent. Cette dernière forme d'appropriation n'a rien de violent, sinon qu'une violence exercée sur la nature même qui consiste dans l'aménagement de l'espace pour la survie. Ainsi, on peut comprendre déjà que dès cette période sur le continent américain prend forme le territoire : « un agencement de ressources matérielles et symboliques capable de structurer les conditions pratiques de l'existence d'un individu ou d'un collectif social et d'informer en retour cet individu et ce collectif sur sa propre identité. » (Bernard Debarbieux, géographe).[100] Ici, l'interaction Homme/nature devient le paramètre explicatif de cette forme d'appropriation dont la finalité poursuivie est, essentiellement, l'adaptation. Bref ! Le territoire s'il doit être vu sous cet angle n'engendrerait jamais une éducation civique, mais plutôt une éducation culturelle qui aurait un curriculum articulé autour des concepts : *nature, acculturation, fairplay, tolérance, savoir-vivre, etc.* Si tel avait été le cas, le concept *citoyen* n'aurait pas eu sa raison d'être. D'où des approches de différents types du territoire à

---

[98] F. Engels, 1979. *L'Origine de la famille de la propriété privée et de l'État*, Paris : Éditions sociales, p.280.
[99] I.V. Sertima, *op. cit.*, p.174.
[100] « *Le territoire* », 20 novembre 2008 (http://fr.wikipedia.org/wiki/Territoire.)

travers les composantes ou les variances de la géographie physique et de la géographie humaine. Dans le cadre de celui-là, le territoire est, pour des géographes un espace à métrique topographique (métrique caractérisée par la continuité et la contiguïté).[101] Pour la géographie humaine, il existe plusieurs courants importants pour définir ce concept qui a des affinités avec la sociologie, l'économie, le pouvoir politique, etc. Spécifiquement, ils s'articulent autour : de l'identité culturelle des populations habitant le territoire, ou encore des représentations qu'elles en ont faites ; de l'acquisition par ces populations d'une compétence économique spécifique à partir d'avantages naturels ou humains ; et enfin, d'une « portion de l'espace délimitée pour exercer un pouvoir (1) » (R. Sack).[102]

En géographie politique, le territoire désigne un espace approprié, que cette appropriation soit juridiquement reconnue ou non. De manière plus concise, disons que « le territoire est une appropriation à la fois économique, idéologique et politique (donc, sociale) de l'espace par des groupes, qui se donnent une représentation particulière d'eux-mêmes, de leur Histoire. » Guy Di Méo (« Les territoires du quotidien », 1996, p.40)[103].

L'acquisition ou l'appropriation recèle l'idée de faire sien ce qui, à un certain moment dans le temps n'était pas à soi. Est-ce mauvais de faire l'acquisition d'une utilité ? Le problème à ce niveau aurait été mal posé si l'on réfléchissait de la sorte. Demandons plutôt : comment est-on arrivé à en faire l'acquisition ? Toutefois, restons au niveau du territoire qui de par son radical fait référence à la terre. La question fondamentale ici, est à se poser : à qui appartient la terre ? Qui peut revendiquer le droit de la propriété de la terre ? Voilà où le bât blesse. Voilà, aussi, où le venin de la guerre entre les Hommes puise son origine : le droit de la propriété du sol.

---

[101] Idem.

[102] « Territoriality will be defined as the attempt by an individual or a group to affect, influence or control people, phenomena, and relationships, by delimiting an asserting control over a geographic area. This area will be called the territory. » Sack, 1986, p. 19.

[103] Les différentes définitions sont tirées du texte Territoire *in* http://fr.wikipedia.o rg/wiki/Territoire.

« Le premier qui, ayant en clos un terrain, s'avisa de dire : ceci est à moi, et trouva des gens assez simples pour le croire, fut le vrai fondateur de la société civile. »[104] Ceci explique un mode d'appropriation qui n'a rien de normatif sinon qu'une complicité entre deux types d'Hommes : des audacieux et des receleurs. Sont-ils condamnables ? La réponse à cette question est paradoxale, car il faut partir ici du *principe de contradiction*[105] qui veut que les droits de la défense soient respectés. Dans ce cas, c'est à la société civile que revient le droit de prouver le contraire. À quel titre doit-elle le prouver : audacieux ou receleur ? J-J. Gandini écrit que la société civile « est le champ clos où s'affrontent les intérêts particuliers, à l'ombre des libertés mises à leur service, c'est-à-dire au service des intérêts dominants. »[106]

Paradoxalement, le droit de propriété unit comme il désunit les Hommes. Grandeur sociale, grandeur physique et grandeur réelle sont non seulement les leitmotivs de ce paradoxe, mais sont aussi les paramètres évocateurs des notions juridiques comme : *la possession, la servitude, le droit du premier occupant, le titre de propriété, la prescription, etc.*

3.2.3.1. — La terre selon l'école physiocratique et la théorie des conquêtes

a) — Physiocrates et mercantilistes

L'école physiocratique se définit comme une doctrine économique qui considère la terre comme l'unique source de richesse. Elle fait partie de la pensée économique préclassique, mais s'est démarquée du mercantilisme dont la doctrine fondamentale consiste à : exporter le plus possible et importer le moins possible, afin de capter les flux d'or et d'argent qui affluent du Nouveau Monde sur le vieux Continent et ainsi préserver l'or et l'argent à l'intérieur des frontières du royaume.

---

[104] J-J. Rousseau, *op.cit.*, p.53.
[105] F. Terré, *Introduction générale au droit*, Paris, Dalloz, 1993. p. 640.
[106] J-J. Gandini, 2007. *Les droits de l'Homme*. Allemagne : Librio, p.9.

Toutes les puissances coloniales de l'époque adoptaient cette doctrine bien que, dans la forme, chaque puissance l'appliquait à sa façon. Dans ce contexte on parle : 1) du mercantilisme espagnol, du mercantilisme anglais, attaché au dynamisme du commerce extérieur et, 2) du mercantilisme français attaché au dynamisme de l'industrie royale, confondu avec le colbertisme. En effet, Colbert, Premier ministre de Louis XIV a défendu et appliqué l'interventionnisme étatique au sein de l'économie française et pensait que l'État devait montrer l'exemple en matière d'initiative industrielle, en favorisant notamment les comptoirs à l'étranger.

On est déjà en plein dans la conquête des Temps modernes avec la colonisation de l'Amérique au XVe siècle. Mais à partir du XVIIe siècle, le mercantilisme, comme mode de vision économique des colonialistes du siècle, va être matière à réflexion pour les physiocrates. Pierre Boisguilbert (1646-1714), considéré comme le précurseur de la physiocratie dénonce l'accumulation de l'argent pour l'argent et soutient que la véritable valeur est créée par la terre et son travail, il s'oppose ainsi aux mercantilistes.

Dans ce courant de pensée, on va retrouver :

. Richard Cantillon (1680-1733). Il tente de construire une théorie de la valeur, selon laquelle la valeur d'une marchandise se mesure en additionnant la quantité de terre mise en œuvre pour sa production et la quantité de terre nécessaire à la nourriture de ceux qui ont travaillé à sa production, ce qu'il appelle « salaire naturel ».

. François Quesnay (1694-1774). Diagnostiquant la stérilité des industries de transformation, il attribue à la terre et à l'agriculture la seule véritable source de valeur et de fertilité.

. Mirabeau Victor Riqueti, Marquis de (1715-1789). Il a défendu, à sa manière, la thèse physiocratique selon laquelle les véritables richesses émanent de la terre, et en ce sens sont essentiellement constituées des Hommes et des seules denrées agricoles. La terre est la mère de tous les biens.

. Mercier de la rivière Pierre Paul (1719-1801). Pour lui, puisque la terre est mère de toutes richesses, les individus ont la possibilité d'en jouir dans les limites qu'impose un système de propriété privée servant certes leurs intérêts personnels, mais sous l'étroite surveillance d'un père au-dessus de tout soupçon, appelé « despote éclairé. »[107]

Du XVIIe au XVIIIe siècle les physiocrates ont tout passé en revue pour dégager le symbolisme de la terre ; un symbolisme qui ne va pas sans le travail de la terre c'est-à-dire sans l'intervention de l'Homme qui ajoute de la valeur à cette valeur source de richesses et de biens. Mais l'Homme ne peut pas en jouir s'il ne se fixe par des limites basées sur le mode de la propriété de la terre (commune ou privée) et sur son mode de gestion en termes de gouvernance. Le physiocrate, Mercier de la Rivière Pierre Paul, jette en ce sens son dévolu sur le despote éclairé. Est-ce le bon choix ? On ne cesse de le répéter : c'est une question de choix des élites dirigeantes.

Tous les grands courants de la pensée économique, (classiques, néoclassiques…) en remettant en question la position des physiocrates, ne font que corroborer la thèse selon laquelle la terre est source de richesse. Les contradictions existantes entre eux sont au niveau de la forme et non au niveau du fond. Les physiocrates, en ce sens, ont donné matière à penser à des économistes qui voient dans la terre non seulement une source de richesse, mais encore un facteur de production qui dans sa combinaison avec le travail humain et les mouvements de population retrouve sa vraie valeur.

La théorie de la rente foncière – une émanation de ce courant de pensée – est une explication du mécanisme de surplus de production relatif à la terre, et par ricochet du gain de productivité relatif. Cette théorie de David Ricardo, qui appartient au courant des classiques, serait à la base d'un ensemble de réflexions économiques. Il ne serait pas non plus exagéré de croire que cette théorie est à l'origine de l'émergence de la science économique en

[107] C. Bormans, 2002. *L'indispensable de la pensée économique*. France : Jeunes éditions-Studyrama, pp. 26-34.

tant que science autonome.[108] Selon J. Stuart Mill : « La rente de la terre est déterminée par l'excès de son produit sur ce que la même culture produirait dans la moins productive des terres en usage. »[109] Cette relation est également valable pour toute mise en valeur de ressources naturelles, autres qu'agricoles : mines ou lieux de pêche par exemple.[110] Les physiocrates ont dû, par conséquent, débroussailler la voie pour les esprits conquérants avides de richesse.

C'est pourquoi selon D. Bazin, « il n'y a pas véritablement de rupture entre les mercantilistes et les physiocrates du moins en ce qui concerne la terre », bien que le mercantilisme et le colbertisme soient exagérément, axés sur les richesses en or et en argent. Notre propos n'est pas classer les physiocrates au rang des idéologues du colonialisme. Comme peut-être le laisse apparaître le texte de D. Bazin en traitant la physiocratie de doctrine. Loin de là ! Certes, il y a eu des dirigeants politiques qui, à l'instar de Colbert, en ont fait une doctrine. Toutefois, les physiocrates sont, à notre avis, des scientifiques qui fournissent à l'humanité des outils théoriques en guise d'expérimentation et de meilleure lecture de la réalité économique de leur époque.

Cependant, les idées physiocratiques, émanant d'esprits éclairés, furent exploitées par des élites dirigeantes pour renforcer leur conviction et mieux asseoir leur domination sur les peuples conquis. La terre est dans ce contexte leur grande convoitise ; une convoitise qui a entraîné des formes violentes (d'appropriation de territoires), soutenues par des idées transformées en dogmes ou doctrines comme : le mercantilisme, le colbertisme, l'impérialisme et pourquoi pas le communisme si l'on doit tenir compte des circonstances qui ont abouti à l'émergence des bolcheviks et à l'envahissement d'un bon nombre de territoires par l'armée Rouge. Connues, sous le nom de : colonisation, néo-colonisation,

[108] D. Bazin, juin 2003. *La rente foncière comme cas particulier de la relation entre la nature et l'économie : Approche historique et thématique*, thèse de doctorat, Université de Versailles Saint-Quentin-en-Yvelines, France, p.7.
[109] M. Gyment, 1979. *Dictionnaire des lois, effets, et principes économiques.* Paris, Éditions Cujas, p.126.
[110] Idem.

occidentalisation, et/ou, enfin, mondialisation les conquêtes n'ont jamais été innocentes. Elles sont des caractéristiques de la violence déployée par des puissances étatiques pour aliéner, exproprier et mettre à genoux les autochtones d'un territoire riche en ressources naturelles.

Les conquêtes sont aussi, pour ces puissances là le double prétexte de l'augmentation des grandeurs physique et réelle de leurs territoires. Le premier prétexte prend corps à travers l'établissement des colonies ou des territoires d'outre-mer ; et le deuxième consiste dans l'implantation des idéologies de la soumission capables de supplanter la culture indigène. Tout cela met en relief le rapport de force entre l'État conquérant et le peuple du territoire conquis. *Métropole* et *colonie* désignaient bien la différence des grandeurs et traduisaient des rapports de domination et de dépendance. Au prix du sang, en effet, des États militairement forts ont mené des guerres de conquête pour déloger des populations qui ont été les premières, pendant des siècles, à occuper la terre et qui de droit en sont les dignes possesseurs jusqu'à preuve du contraire. Paradoxalement, les véritables victimes de ces guerres ont toujours été les élites autochtones, car ce sont elles les propriétaires des richesses du sol. Cela sous-entend que la guerre des conquêtes n'est pas toutes les fois interétatique ou entre les territoires. Entre les indigènes eux-mêmes, parfois, la guerre se déclare pour conquérir la terre et d'autres types de richesses issues de la terre ou du territoire.

La terre, en tant que source de richesses, est aussi source de conflits entre les Hommes. Paradoxalement, elle est un élément unificateur quand elle est menacée du dehors par le colonialisme, mais aussi un élément fossoyeur quand la société, sinon les élites dirigeantes en ont fait une mauvaise gestion, une mauvaise gouvernance. Dans ce contexte, de par ses richesses, la terre suscite un fossé d'une si grande envergure entre pauvres et riches, que la ruine de la société, des Hommes qui s'y installent, est inévitable.

Voici en quels termes J.-J. Rousseau traduit le malheur des Hommes découlant des richesses de la terre : « Avant qu'on eût inventé les signes représentatifs des richesses, elles ne pouvaient guère consister qu'en terre et en bestiaux, les seuls biens réels que les Hommes puissent posséder. Or quand les héritages se furent accrus en nombre et en étendue au point de couvrir le sol entier et de se toucher tous, les uns ne purent plus s'agrandir qu'aux dépens des autres, et les surnuméraires que la faiblesse ou l'indolence avaient empêchés d'en acquérir à leur tour, devenus pauvres sans avoir rien perdu, parce que, tout changeant autour d'eux, eux seuls n'avaient point changé, furent obligés de recevoir ou de ravir leur subsistance de la main des riches, et de là commencèrent à naître, selon les divers caractères des uns et des autres, la domination et la servitude, ou la violence et les rapines. Les riches de leur côté connurent à peine le plaisir de dominer qu'ils dédaignèrent bientôt tous les autres, et se servant de leurs anciens esclaves pour en soumettre de nouveaux esclaves, ils ne songèrent qu'à subjuguer et à asservir leurs voisins [...].

« C'est ainsi que les plus puissants ou les plus misérables, se faisant de leur force ou de leurs besoins une sorte de droit au bien d'autrui, équivalent, selon eux, à celui de propriété, l'égalité rompue fut suivie du plus affreux désordre : c'est ainsi que les usurpations des riches, les brigandages des pauvres, les passions effrénées de tous étouffant la pitié naturelle, et la voix encore faible de la justice, rendirent les Hommes avares, ambitieux et méchants. Il s'élevait entre le droit du plus fort et le droit du premier occupant un conflit perpétuel qui ne se terminait que par des combats et des meurtres. La société naissante fit place au plus horrible état de guerre. Le genre humain avili et désolé, ne pouvant plus retourner sur ses pas, ni renoncer aux acquisitions malheureuses qu'il avait faites ; et ne travaillant qu'à sa honte, par l'abus des facultés qui l'honorent, se mit lui-même à la veille de sa ruine. »[111]

Le territoire, justement, est l'ombre de cette situation interactive entre les Hommes. C'est un espace de conflits dont le symbole est la terre – et tout ce qu'elle comporte en termes de ressources – délimitée dans l'espace et dans le temps par la grandeur sociale que se donnent les élites dirigeantes à travers des projets tant sociaux qu'économiques ou politiques. Tous ces projets visent la gestion du

---

[111] J-J. Rousseau, *op.cit.*, p.65.

territoire dans son dimensionnement réel : composé de ses grandeurs physique et réelle. La grandeur sociale assure la promotion du bien-être entre les Hommes du territoire ; car c'est un espace unifié auquel ils s'identifient comme étant leur mère commune, leur souche, le lieu de leur enracinement.

En conséquence, le spectre de la ruine sociale fait penser à un déracinement synonyme d'une dépossession violente, encore plus violente quand la force destructrice provient d'une puissance étrangère. Dans ce contexte, à l'angle du civisme, le territoire est un produit de la solidarité, ou du moins fait appel à la solidarité d'un peuple dans toutes ses composantes en dépit des contradictions qui les opposent : riches/pauvres, urbains/ruraux... Cet espace de solidarité peut changer de configuration avec les batailles de clans qui lui sont internes. Une telle situation met en évidence l'incapacité des élites et elle n'est profitable qu'aux ennemis communs du peuple, lesquels saisiront l'opportunité pour attiser la haine de l'un contre l'autre jusqu'à rendre quasi impossible toute forme d'entente ou de concession entre les fils du peuple d'un même territoire. Cet espace de solidarité peut aussi changer de configuration avec la guerre menée contre lui par des puissances extérieures. Cette guerre est souvent une guerre de conquête dont les élites dirigeantes sont les seules responsables du fait de leur démission à promouvoir la grandeur sociale et, aussi, elles sont les premières victimes du fait qu'elles sont les seules propriétaires de la terre et de ses richesses.

L'Histoire des conquêtes n'a jamais pardonné aux élites dirigeantes leur mauvaise gestion du territoire qui a toujours créé un grand fossé entre les différentes couches sociales jusqu'à priver le peuple entier de toute forme de bien-être, voire le dépouiller de son droit d'héritage comme fils à part entière de cette « mère patrie ». Les conquérants tiennent toujours compte de cette réalité avant de prendre l'initiative de se lancer dans des guerres de conquête contre un territoire qu'ils les convoitent. Toute une théorie a été élaborée en la matière.

b) — La théorie des conquêtes

Toute théorie a une devise qui exprime la stratégie à adopter pour réussir l'observation parfaite du phénomène à l'étude et, en conséquence, atteindre les objectifs posés. La théorie des conquêtes a pour devise « rançonner les peuples avant de les asservir. Celui qui se résigne à être tributaire saura bientôt être esclave il s'est habitué à se passer d'indépendance il se passera tout aussi de patrie. [...] Quand on commence par humilier une nation à ses propres yeux, on l'a domptée : car elle aura dorénavant à combattre le sentiment de son infériorité ; sur les champs de bataille si elle osait y descendre, elle trouverait, non plus des adversaires, mais des maîtres, habituée qu'elle est à placer hors d'elle ses espérances, à voir s'appesantir sur sa tête un autre bras que celui de Dieu. »[112]

Avec une telle devise, les conquérants n'ont pas d'état d'âme. Ils ne font pas de discrimination entre les natifs ou du moins, s'ils en font une, c'est juste pour mieux appliquer la théorie. Ils ne sont pas venus conquérir les âmes, mais plutôt leur terre. Comme paradoxalement la conquête de la terre est synonyme d'expropriation, ils sont bien obligés de conquérir d'abord les âmes avant d'avoir accès à la terre. C'est pourquoi la théorie des conquêtes dans son application comporte une violence à doubles volets : la violence des armes (la guerre) et la violence culturelle. Cette dernière est la violence la plus forte, car elle est symbolique et en conséquence elle est une violence durable. Le degré de sa brutalité est latent et les peuples n'en sont conscients qu'au lendemain de leur aliénation totale. Vladimir Oulianov dit Lénine écrit : « une œuvre culturelle ne peut pas être menée à bien aussi rapidement que les tâches militaires (...) Vaincre politiquement en quelques semaines est possible, à une époque d'accentuation de la crise. Vaincre dans une guerre est possible en quelques mois, mais vaincre sur le terrain culturel est impossible dans ce délai ; étant donné la nature même de la chose, il faut un délai plus long, et on doit s'adapter à ce délai plus long, en mesurant ses forces, en faisant preuve du maximum d'opiniâtreté, de persévérance et de

---

[112] N.-A. de Salvandy, 1817. *La coalition de la France*. Philadelphie : s e, pp. 40-41.

méthode. »[113] Toutes les conquêtes menées au nom de la Couronne et de la chrétienté ont revêtu ce double volet : les armes, la Bible et la croix. Il en est de même pour les conquêtes menées au nom d'autres religions.

Si la violence culturelle vise la destruction de la mémoire collective et du moral commun des peuples ; avec la violence des armes, c'est l'anéantissement physique d'une partie des peuples puisque l'autre partie, théoriquement parlant, doit être réduite en esclavage. Ce n'est pas que celle-ci ne fasse pas partie intégrante du grand projet d'extermination des conquérants. Méfiez-vous ! Son anéantissement est tout simplement programmé dans le moyen et le long terme du projet colonial. Dans cette logique théorique, N. Machiavel écrit : « Je dis donc que les nouvelles conquêtes qu'un prince ajoute à son ancien domaine [...] si l'on veut les posséder en toute sûreté, il n'y a qu'à éteindre la race des princes qui y régnaient. [...] il n'est point de moyen plus assuré, pour conserver un pays de nouvelle conquête, que d'envoyer des colonies dans quelques endroits qui soient comme les clés du pays ; car il faut user de cette politique [...]. Les colonies ne coûtent presque rien au prince ; et il ne fait du mal qu'à ceux qu'il dépouille de leurs terres et de leurs maisons, en faveur des nouveaux habitants qu'il envoie. Quant à ceux qui perdent leurs biens, et qui ne sont que la plus petite partie de l'État conquis, il n'y a rien à craindre de leur part, vu qu'ils sont dispersés et pauvres ; et tous les autres qu'on a laissés en paix chez eux y demeurent sans penser à troubler l'État dans la crainte d'être chassés à leur tour, comme leurs compatriotes. Je conclus donc que ces colonies sont avantageuses en plusieurs choses : elles ne coûtent rien ; elles sont moins à charge au pays ; et enfin, ceux qui en souffrent, étant pauvres et dispersés, ne sont pas en état de se venger du mal qu'on leur a fait. Car il faut ne point faire du mal aux peuples, ou bien il les faut exterminer tout à fait, vous souvenant qu'on n'oublie jamais les mauvais traitements que l'on aura reçus, lorsqu'ils ne sont que médiocres, mais que l'on n'en pourra jamais tirer raison, s'ils sont

[113] N. Doubinine, *op.cit*, p.300. tiré de Lénine (*Oeuvres*, t.33, p.73).

extrêmes. Aussi, ne faut-il jamais maltraiter personne, à moins qu'on ne lui ôte entièrement le pouvoir de se venger. »[114]

L'approche théorique de Machiavel, si elle est une approche « machiavélique », doit être prise dans son paradoxe ; puisque, en effrayant les élites dirigeantes (exploitants et/ou possédants) elle leur expose la réalité sur l'imminence de leur anéantissement intégral. En exploitant le côté paradoxal d'une telle approche, les élites dirigeantes sont invitées à en tirer des leçons. Des leçons qui peuvent les amener à pratiquer la bonne gouvernance au profit du territoire et à réaliser une meilleure gestion de ses richesses dont le genre humain reste la primordiale.

Même si les élites dirigeantes n'appréhendent pas toutes ce paradoxe, il reste un fait avéré que beaucoup l'ont compris. Cette compréhension leur a intelligemment inspirées la stratégie qui consiste à amadouer leurs peuples. En effet, par l'artifice de normes et de lois elles font croire à l'égalité et nourrissant, chez les peuples, l'illusion du patrimoine commun. Ainsi ne seront-elles pas les premières et/ou les seules victimes, puisque les peuples étant inféodés à leurs projets vont se laisser embarquer dans l'affrontement entre le droit du plus fort et le droit du premier occupant. S'identifiant à leurs élites dirigeantes, les peuples sont désormais, prêts à mener des combats acharnés sur tous les terrains à côté de ces élites. Le paradoxe de cette approche théorique apprend aux élites dirigeantes à d'abord valoriser le genre humain et à laisser la pensée autarcique qui les enferme dans des intérêts mesquins et dans de faux préjugés de castes. Voilà comment : « [...] Les riches surtout durent bientôt sentir combien leur était désavantageuse une guerre perpétuelle dont ils faisaient seuls tous les frais et dans laquelle le risque de la vie était commun et celui des biens particulier. D'ailleurs, quelque couleur qu'ils puissent donner à leurs usurpations ils sentaient qu'elles n'étaient établies que sur un droit précaire et abusif et que n'ayant été acquises que sur la force, la force pouvait les leur ôter sans qu'ils eussent raison de se plaindre. Ceux mêmes que la seule industrie avait enrichis ne pouvaient guère fonder leurs propriétés sur de meilleurs titres. Ils

[114] N. Machiavel, *Le Prince*, Librio, Allemagne, 2007, p.15.

avaient beau dire : c'est moi qui ai bâti ce mur ; j'ai gagné ce terrain par mon travail. Qui vous a donné les alignements, leur pouvait-on répondre, et en vertu de quoi prétendez-vous être payé à nos dépens d'un travail que nous ne vous avons point imposé ? Ignorez-vous qu'une multitude de vos frères périt, ou souffre du besoin que vous en avez de trop, et qu'il vous fallait un consentement exprès et unanime du genre humain pour vous approprier sur la subsistance commune tout ce qui allait au-delà de la vôtre ? Destitué des raisons valables pour se justifier, et de forces suffisantes pour se défendre ; écrasant facilement un particulier ; mais écrasé lui-même par des troupes de bandits, seul contre tous, et ne pouvant à cause des jalousies mutuelles s'unir avec ses égaux contre des ennemis unis par l'espoir commun du pillage, le riche, pressé par la nécessité, conçut enfin le projet le plus réfléchi qui soit jamais entré dans l'esprit humain ; ce fut d'employer en sa faveur les forces mêmes de ceux-là qui l'attaquaient, de faire de ses adversaires ses défenseurs, de leur inspirer d'autres maximes, et de leur donner d'autres institutions qui lui fussent aussi favorables que le droit naturel lui était contraire.

« Dans cette vue, après avoir exposé à ses voisins l'horreur d'une situation qui les armait tous les uns contre les autres, qui leur rendait leurs possessions aussi onéreuses que leurs besoins, et où nul ne trouvait sa sûreté ni dans la pauvreté ni dans la richesse, il inventa aisément des raisons spécieuses pour les amener à son but.

« [...] Telle fut, ou dut être, l'origine de la société et des lois qui donnèrent de nouvelles entraves au faible et de nouvelles forces au riche, détruisirent sans retour la liberté naturelle, fixèrent pour jamais la loi de la propriété et de l'inégalité, d'une adroite usurpation firent un droit irrévocable, et pour le profit de quelques ambitieux, assujettirent désormais tout le genre humain au travail, à la servitude et à la misère. [...] Le droit civil étant ainsi devenu la règle commune des citoyens... »[115]

---

[115] J-J. Rousseau, op. cit., p.65-67.

Jusque-là, on est en plein dans l'interaction humaine comme mobile de l'édifice social dans le sens de la transformation de la matière dont la caractéristique fondamentale est sa capacité de nuisance qui provoque chez l'Homme deux attitudes : l'une à se l'approprier, l'autre à s'en débarrasser. Mais comme de manière paradoxale, en s'en débarrassant on se l'approprie créant ainsi de la valeur ; la terre est une matière qui prend, sous l'influence de ces deux attitudes, de la valeur à côté de sa valeur propre dont la capacité de nuisance engendre la pire des violences : la guerre.

Il ne s'agit pas, à ce niveau, d'une question de transformation, mais d'une expropriation qui met en péril la vie humaine ; donc le paramètre de base du processus interactif à la création de valeurs. L'Homme en prend peur. La guerre devenant elle aussi matière sa capacité de nuisance va susciter la création de valeurs : patrie, nation, peuple, etc., des notions qui traduisent l'identification commune d'un groupe d'individus à un même espace : le territoire. Des alliances et/ou des compromis sont exigibles entre ces individus pour protéger ce territoire, symbole de leur existence, de leur manière d'être. Ainsi, sont-ils arrivés à la nécessité de mettre des balises, contre l'effondrement de l'ordre territorial et par extension contre l'anéantissement de l'ordre social. Ces balises en guise de valeurs propres (patriotisme, nationalisme...), participent à la défense du territoire. Là intervient le domaine politique qui, selon G. Balandier : « se saisit d'abord en tant que système d'organisation opérant dans le cadre d'un territoire délimité, d'une unité politique ou espace supportant une communauté politique. [...] Max Weber caractérise l'activité politique, en dehors du recours légitime à la force, par le fait qu'elle se déroule à l'intérieur d'un territoire aux frontières précises ; elle instaure ainsi une nette séparation de l'intérieur et de l'extérieur et oriente d'une manière significative les comportements. »[116]

Défendre le territoire est donc un comportement politique et/ou idéologique qui dépend de la vision des élites dirigeantes. « La seule défense qui soit assurée et durable (selon N. Machiavel) est

[116] G. Balandier, *op.cit*, p.32.

celle qui vient de vous-même et de votre valeur. »[117] Donc quand ces valeurs ne sont pas créées, par les instances sociales qui sont responsables de les créer, le peuple est livré à lui-même. Et dans ce contexte, ce qui va prévaloir dans cette société c'est une forme d'individualisme, un « sauve-qui-peut », sans égard aux intérêts communs, qui unissent les différentes couches, et qui les enracinent, toutes, au même territoire.

La vocation de l'élite, livre écrit par J. Price-Mars est clair à ce sujet : « Il est, en effet, avéré que lorsqu'un peuple ne sent pas d'instinct le besoin de se faire une âme nationale par l'intime solidarité de ses diverses couches, par leurs aspirations communes vers quelque haut idéal – même chimérique – lorsqu'au contraire ce peuple se trouve divisé en des parties à peu près distinctes – la classe dirigeante se désintéressant du sort des masses, celle-ci ignorant même l'existence de la première parce qu'elle n'a avec elles que des rapports purement économiques – ce peuple est en imminence de désagrégation. Il suffit alors qu'un danger extérieur menace son existence nationale pour que chacune des parties sollicitées par ses propres intérêts ne trouve point en elle les forces internes d'attraction qui eussent été seules capables de l'attirer aux autres afin de les grouper en un faisceau de résistance même morale contre l'invasion du sol, sous quelque forme qu'elle se présente. »[118]

C'est peut-être un faux discours dans le contexte actuel de la mondialisation qui véhicule le message du village planétaire. Message dans lequel ont foi, certains intellectuels des pays en voie de développement comme si l'occident allait laisser son territoire ouvert aux peuples du monde entier. La mondialisation est, non seulement du protectionnisme, mais surtout du colonialisme éclairé ayant à son actif *le principe de la double conquête* à savoir : le colonisateur s'approprie les territoires hors de ses frontières pour leurs richesses et pour provoquer sur ces territoires l'érosion des talents humains. La théorie des conquêtes ne va pas sans la défense

[117] N. Machiavel, *op.cit*, p.113.
[118] J. Price Mars, 1976. *La vocation de l'élite*. Port-au-Prince : Ateliers Fardin, p.15.

du territoire. Au contraire, augmenter la grandeur réelle de son territoire signifie pour le conquérant la consolidation de toutes ces conquêtes et le renforcement du territoire métropolitain : la terre mère. Cela signifie que les métropoles ne disparaissent jamais au profit des colonies. La stratégie des conquêtes du monde occidental, aujourd'hui, consiste en une violence plus symbolique.

c) — Le principe de la double conquête

Qui est le plus offrant ? Toute la stratégie des conquêtes est dans la réponse à cette question. Le conquérant se pose la question et il la pose au citoyen du territoire conquis. Il se la pose d'abord, par rapport aux richesses du territoire provenant de la terre et ensuite, par rapport aux talents et compétences des hommes qui y vivent. Le plus important est à rapatrier ou les deux simultanément de gré ou de force. Entre temps, le citoyen est mis dans l'embarras du choix entre son territoire et celui du conquérant. Après toute analyse, le citoyen est convaincu que son territoire est invivable. La formule est simple : le conquérant lui fait observer tous les indicateurs. À commencer par l'espérance de vie, le revenu *per capita*, l'éducation, la santé, la sécurité, etc. Se comparant avec des talents et compétences égaux – dans un domaine déterminé, mais évoluant dans de meilleures conditions sociopolitique et économique – en réponse à la question le citoyen opte pour l'immigration choisie. Mais paradoxalement, l'érosion des talents ne sera pas générale. C'est effectivement la crème des talents humains et la crème des compétences humaines qui partiront en direction de l'occident. L'immigration choisie des puissances occidentales, particulièrement de l'État français, prouve aux intellectuels de tous les continents que le territoire n'a jamais été fictif. La mondialisation au contraire renforce la notion de territoire.

Il n'est plus possible aujourd'hui, comme ce fut le cas jusqu'à la fin des années 70 début des années 80 du XXe siècle dernier, d'avoir seulement un passeport en main pour circuler d'un continent à un autre. Qui pis est, tout individu né sur le territoire occidental de père et/ou de mère d'origine non occidentale est sujet à la « déportation » sur le territoire ancestral une fois que son comportement correspond à celui d'un délinquant, ou d'un déviant. Cela signifie qu'en dépit de sa naissance sur le territoire occidental, l'occident ne l'a jamais identifié comme citoyen à part entière au regard de la société occidentale. Et il ne saurait non plus le prétendre, si *l'establishment* ne lui reconnaît pas ce droit. Avec la permission de toute la direction du journal *Jeune Afrique*, nous tenons à vous donner un aperçu sur la notion d'immigration choisie. En effet, dans un article rédigé sous la plume de A. Barrouhi : *Tunisie-France (Émigration choisie mode d'emploi)* il est écrit : [...] Mirage ou réalité ? Voilà que dans le cadre de la politique « *d'immigration choisie* »[119] mise en place depuis 2006 par le gouvernement français, les choses risquent désormais de changer pour les Tunisiens [...] avec l'entrée en vigueur d'un accord relatif à la gestion concertée des migrations et au développement solidaire conclu entre la France et la Tunisie en avril 2008 – huit autres États africains ont également signé des accords comparables : le Bénin, le Burkina Faso, le Cameroun, le Congo, le Gabon, l'Île Maurice et le Sénégal.

« [...] La France facilite la délivrance des *visas de circulation* à entrées multiples de un à cinq ans aux catégories de haut niveau : Hommes d'affaires, commerçants, artisans, médecins, avocats, universitaires, scientifiques, artistes, sportifs. Les migrations à titre privé sont aménagées, notamment pour les cas humanitaires...

« [...] les migrations pour motifs professionnels sont facilitées [...] pour les candidats à un emploi de *salarié* justifiant d'un contrat de travail [...] pour les *travailleurs saisonniers*, dans l'agriculture essentiellement [...] pour les cartes *compétences et talents* et [...] pour les *jeunes professionnels*. [...] Cependant, il n'est pas question d'autoriser l'immigration permanente en France : les autorisations de séjour vont de six mois à six ans maximum, selon les catégories, après quoi le retour au pays est obligatoire, sinon on est classé parmi les migrants en *situation irrégulière*. »

---

[119] Les italiques inclusifs à cette citation remplacent les guillemets.

« Pour leur part, les autorités tunisiennes s'engagent à contribuer à l'identification des *sans-papiers* présumés être ses ressortissants pour les *réadmettre*. En parallèle, la France crée un volet *développement solidaire* en affectant des ressources de l'aide publique au système tunisien de formation professionnelle.

« Qui peut émigrer, et comment ? La carte de séjour *compétences et talents*, qui dispense du visa, s'adresse à une large frange des *cerveaux* : diplômés de l'enseignement supérieur, professionnels = qualifiés, professionnels indépendants (artistes, acteurs, sportifs, etc.) et investisseurs. Les personnes éligibles sont, les titulaires d'un doctorat ou d'un master, d'une licence ou d'un diplôme en dessous de la licence, pourvu qu'ils justifient d'au moins un an, trois ans ou cinq ans d'expérience professionnelle, en fonction du niveau d'études atteint. Le critère principal est, que le candidat soit *susceptible de participer en raison de ses compétences et talents, de façon significative et durable* au développement de la France et à celui de la Tunisie.

« [...] La majorité de ceux qui ont émigré avec cette carte est des ingénieurs informaticiens. On retrouve aussi un médecin et un pharmacien diplômés de France qui ont traversé la Méditerranée pour des raisons familiales, un artiste plasticien, quatre investisseurs dont l'un a pour projet l'ouverture d'une boutique de produits artisanaux tunisiens et l'autre un parc d'attractions. »[120]

La réalité telle qu'elle est exposée montre que l'occident colonialiste ou impérialiste ne fait pas de cadeau. Son territoire est sacré. Il n'entend pas concéder un seul pouce qui ne lui soit pas rentable. La matière première est à conquérir, partout ailleurs, pour mettre en valeur son territoire et par ricochet valoriser ses citoyens qui sont, pour lui des citoyens du monde. Le citoyen du monde ! Voilà un faux discours véhiculé par des professeurs dans des universités des pays sous-développés pour donner aux jeunes étudiants une autre image de l'occident. Ces profs sont pour l'occident une machine de création de valeurs ; des valeurs que

[120] *Jeune Afrique*, 2 au 8 août 2009 n° 2534, « Émigration choisie mode d'emploi » *Tunisie-France*, Abdelaziz Barrouhi, pp.44-47.

l'occident est prêt à s'approprier, à « vil prix », pour augmenter la valeur réelle de son territoire. Le « vil prix », dans le contexte des cerveaux, est synonyme de l'humiliation à laquelle fait face leur importation.

L'obtention du visa passe d'abord par l'humiliation du citoyen demandeur avant qu'il ne le lui soit accordé. Le représentant occidental, en la personne de l'officier consulaire, décide selon son humeur si le citoyen demandeur a droit ou non de fouler son territoire. D'ailleurs, le citoyen demandeur doit « faire les frais »[121] de cette humeur qui semble être le seul guide de l'officier consulaire. Ce comportement tend à lui signifier, dès le départ, qu'il est un citoyen de seconde zone. L'analyse de l'article d'A. Barrouhi fait indirectement référence à ce type de comportement de l'officier consulaire. « Avec l'entrée en vigueur de l'accord sur la gestion concertée des migrations, de nouvelles perspectives s'offrent aux Tunisiens désireux de s'expatrier en toute légalité. La lourdeur du dispositif, toutefois, en décourage plus d'un. [...] On tablait sur 1500 cartes *compétences et talents* par an. Il en a été délivré 52 en 2008 ; soit un rythme de 4 à 5 par mois, et 32 depuis le début 2009, soit 5 à 6 par mois. »[122] Malheureusement, l'article ne rentre pas dans les détails explicatifs de l'humeur de l'officier consulaire. Mais, *Ceteris Paribus*, puisqu'il s'agit de l'occident, on peut considérer que ce qui est vrai pour la France est aussi vrai pour les USA et ce qui est vrai pour la Tunisie est aussi vrai pour le Haïti, le Bénin, le Burkina Faso, le Cameroun, le Cap-Vert, le Congo, le Gabon, l'île Maurice, le Sénégal, etc. Dans ce contexte, voici en résumé le contenu du texte remis à tout citoyen demandeur d'un visa de séjour pour les USA qui lui est refusé :

« [...] La section consulaire de l'ambassade des États-Unis d'Amérique en Haïti regrette de ne pouvoir vous accorder le visa sollicité parce que vous ne satisfaisiez pas aux exigences de l'article 214 (b) de la loi américaine sur l'immigration et la

---

[121] Le rendez-vous au consulat est payé à l'avance *via* une structure bancaire ou financière quelconque.

[122] Idem.

nationalité qui prévoit que tout demandeur de visa est considéré comme un immigrant potentiel jusqu'à preuve du contraire à la satisfaction de l'officier consulaire. L'émission ou non d'un visa reste et demeure à la discrétion de l'officier consulaire, car les visas de séjour temporaire sont une courtoisie et non un droit.

« [...] Malheureusement, la décision du consul ne peut être prise en se basant uniquement sur le dialogue, mais plutôt sur tous les aspects de la vie d'un Haïtien vivant en Haïti.

« Pourquoi l'officier consulaire n'a-t-il pas examiné mes documents ?

« Produire une demande de visa de séjour temporaire ne se limite pas aux documents. Un officier consulaire a rarement le temps nécessaire d'analyser en profondeur les documents présentés lors d'une entrevue. Les facteurs les plus importants qui guident sa décision étant le but du voyage et la situation générale du postulant. Cependant, il est toujours recommandé de soumettre une documentation complète pour toute demande de visa, au cas où un examen approfondi des documents s'avèrerait nécessaire. Si votre demande n'est pas agréée, il est peu probable que la documentation présentée aurait pu porter l'officier consulaire à changer sa décision de façon significative. »[123]

La discrétion de l'officier consulaire tient lieu de principe de base ou de normes de délivrance de visa pour son territoire. Elle a, dans les faits, plus de force que tout accord sur les migrations signé en amont entre les États occidentaux et ceux des pays sous-développés. Tel est un des moyens utilisés par l'occident pour prouver sa grandeur sociale : dépouiller d'autres territoires de leurs valeurs pour augmenter sa grandeur réelle. De ce point de vue, la mondialisation (le village planétaire) est de la poudre aux yeux.

---

[123] Texte d'une page. À l'en-tête recto on trouve le symbolisme des E.U. et est inscrit : Embassy of the United States of America, Port-au-Prince, Haïti ; au pied de page verso on peut lire : Imp. Le Natal S.A.
Le texte n'est pas daté, mais a été remis au mois de mai 2009 à tout demandeur auquel le visa lui a été refusé.

Cela ne veut pas dire que la mondialisation soit mauvaise. Au contraire, l'occident a tout fait pour donner un meilleur visage à l'humanité. Ses premiers critiques ou détracteurs sont toujours, ou fort souvent, ses premiers bénéficiaires. Quel paradoxe !

De toute façon, quand les élites dirigeantes d'un territoire sont dépourvues de projets pour faire évoluer leurs populations, donner un sens à leur existence, il ne faut pas jeter sur l'occident la responsabilité. Quand une société, établie sur un territoire, laisse gaspiller ses valeurs et se révèle incapable d'utiliser sa matière pour la transformer en valeurs au profit de son peuple, l'occident n'y est pour rien. Que de valeurs certaines sociétés n'ont pas exploitées et que l'occident dans le cadre de la mondialisation a rendues utiles à l'humanité ! Le sport en est un probant témoignage, la science et la littérature ne sont pas en reste. Certes, c'est de la fuite. Fuite de cerveaux ou de je ne sais quoi ; mais c'est la valorisation d'une matière qui serait restée à l'état brut ou sauvage sans l'intervention de l'occident.

Toute société, privée de projets pour faire échec aux projets des conquérants, ne peut prétendre à l'unité territoriale ou à la solidarité de ses différentes couches puisqu'elles sont laissées pour compte.

Comme on peut s'en rendre à l'évidence le territoire est, l'espace d'implantation du citoyen, conçu par les élites dirigeantes détentrices des différents types de pouvoir qui sont régis par des lois. L'équilibre territorial dépend de ces dernières qui sont des règles, des principes qui définissant la manière d'être de l'interaction humaine. Ce sont donc des obligations.

En marge de ces obligations, la société, l'individu et/ou le citoyen sont des éléments isolés, non imbriqués. Alors, pour assurer la parfaite cohérence de cette interaction, il s'est établi entre les Hommes et la société, ou bien entre les Hommes eux-mêmes un consensus, au regard de ce qui les unit et de ce qui peut les diviser ; une division, certes inévitable, que le consensus va tenter de dépouiller de son venin pour empêcher les Hommes de s'autodétruire. Les obligations, en conséquence, deviennent une émanation de ce consensus et à ce titre, on parle de l'État de droit.

Plusieurs approches sont liées à ce concept qui, selon Dominique Rousseau, se retrouve régulièrement dans le vocabulaire des juristes, des philosophes... En effet, dans son article : « *L'État de droit est-il un État de valeurs particulières ?* » Il a passé en revue plusieurs définitions avant de mettre en question celle qui considère que l'État de droit ne peut pas être un État de n'importe quelle loi ; ici, les lois elles-mêmes doivent être soumises au respect de normes qui leur sont supérieures et qui fondent en conséquence un contrôle possible des lois. La question évidemment posée par cette définition de l'État de droit est celle de la source, du contenu et de la nature de ce droit qui s'imposerait à la loi. Est-ce le droit naturel, ancien ou moderne ? Est-ce les droits énoncés dans les Constitutions ou les Préambules des Constitutions ? Est-ce le droit contenu dans les traités et conventions internationales et en particulier ceux et celles relatifs aux droits de l'Homme ? Et si l'État de droit est l'État des droits de l'Homme, s'agit-il des droits individuels ou s'agit-il aussi des droits sociaux ?[124]

3.2.3.2 — Les obligations : un *modus vivendi* inter citoyen

Droits sociaux ou droits individuels tous concourent à une même finalité : l'équilibre territorial. Ils sont, en conséquence, complémentaires de la gestion étatique qui vise une perspective durable dans la planification et la prospective de l'existence du territoire tant dans sa grandeur réelle que dans sa grandeur physique. Au regard du civisme ces droits sont inclusifs aux droits de l'Homme dont les composantes s'articulent autour de la solidarité ou du moins de la dignité collective. Disons mieux que la vraie valeur du territoire soit sa grandeur réelle construite à partir de cette dignité collective garante de sa grandeur physique.

---

[124]D. Rousseau, 21 septembre 2007. « *L'État de droit est-il un État de valeurs particulières ?* » (Http://www.aix-mrs.iufm.fr/formations/filieres/ecjs/reflexions/etatdroit.html.)

Les droits individuels, si l'on doit tenir compte du langage juridique, traduisent les droits (libertés) ou les droits subjectifs qui « sont des prérogatives – on dit aussi les intérêts – que le droit objectif consacre et sauvegarde au profit des sujets de droit... »[125] F. Terré met ainsi en lumière une certaine interaction permettant de se démarquer de l'autosuffisance que semble vouloir exprimer le langage juridique à propos de l'individu qui à lui seul n'est représentatif que du néant. Il ne s'agit pas d'un être isolé vivant dans un monde à part. Il est dépendant du droit objectif qui ne saurait exister sans l'inter individualité humaine. L'individualisme méthodologique, à ce propos, n'est pas approprié à la bonne compréhension des droits, qui sont sociaux à tous les points de vue. « Aussi longtemps que Robinson vit en solitaire, il n'a que faire du droit, et en cela du droit dans ces deux sens : en tant qu'il y aurait quelque règle régissant sa conduite, en tant qu'il serait personnellement titulaire de prérogatives, de droits dans son existence. [...] En d'autres termes, la nécessité du droit ne se manifeste que lorsque l'Homme vit en groupe : or, précisément, cet être sociable, comme dit Aristote, incline à vivre en société et à être impliqué dans des rapports sociaux. »[126]

Aussi individuels qu'ils puissent être, les droits sont un cachet de l'idéologique, du politique et du culturel. Une lecture autre, enferme l'intelligence humaine dans le carcan du langage juridique qui cherche une sorte d'équilibre dans l'injustice sociale (son objet d'existence) et qui fait jouer le *principe de contradiction* au regard des intérêts de classes et/ou de castes. Ces intérêts – quoi qu'on dise – n'équivalent pas, généralement, aux intérêts de tous les citoyens.

Dans ce contexte, le langage juridique fragilise les droits puisque les intérêts ne sous-tendent que l'individualisme. Il anéantit tout esprit de solidarité et renforce l'isolationnisme qui est un facteur répulsif, voire destructeur, de l'espace territorial : *la raison d'existence du citoyen.*

---

[125] F. Terré, 2000. *Introduction générale au droit.* Paris : Éditions Dalloz, p.283.
[126] Ibid. pp.7- 8.

Cependant, le juridique, en tant que science, est paradoxalement, l'instrument d'interprétation des droits. Comme tel, il établit au regard des intérêts de classes une typologie de droit ; typologie classée en deux (2) grandes catégories : *les droits (libertés) et les droits (créances)* – ces derniers appelés encore droits sociaux. L'État serait la conjonction de ces différents droits du fait qu'il est détenteur de la force dissuasive qui lui permet, à la fois, d'en imposer les limites et le respect. Malheureusement, le pouvoir d'État, émanant de cette dissuasion, préfère le langage juridique à la science juridique. Dès l'origine même, la mission de l'État se révèle viciée. L'impartialité qui devrait être la règle fondamentale est devenue l'exception et fait naître du côté des citoyens la violence sociale (banditisme, terrorisme, délinquance...) en réaction à la double violence (symbolique et physique) des classes dirigeantes dont l'État est le représentant attitré. L'État qui devrait utiliser cette double violence, à des fins d'équilibre social, de par son option n'arrive jamais à satisfaire convenablement les besoins sociaux.

En conséquence, plus l'État préfère le langage juridique à la science juridique plus l'État est arbitraire, moins les droits (libertés) et droits (créances) sont obligatoires, plus la société est violente et moins les institutions de socialisation sont efficaces. Dès lors, l'agressivité devient un modèle de comportement et remplace tout principe de droits.

Doit-on s'attendre à une autre forme de comportement social du citoyen si les élites dirigeantes ne voient pas la nécessité de repenser l'État et de se redéfinir elles-mêmes par rapport au citoyen ?

L'anachronisme des élites dirigeantes à ce propos est patent. Les crises financières de 1929 et celles de 2009 attestent cet anachronisme qui montre le caractère incrédule de ces élites à garder encore intacte la structure d'État malgré sa partialité flagrante qui a été dénoncée ou mise en exergue par F. Engels : « Dans la plupart des États que connaît l'Histoire, les droits accordés aux citoyens sont en outre gradués selon leur fortune et, de ce fait, il est expressément déclaré que l'État est une organisation de la classe possédante, destiné à la protéger contre la classe non possédante. C'était déjà le cas à Athènes et à Rome avec leurs classes établies selon la fortune. C'était le cas aussi dans l'État féodal du Moyen Âge, où le pouvoir politique se hiérarchise selon la propriété foncière. C'est le cas avec le cens électoral des États représentatifs modernes. Pourtant, cette reconnaissance politique de la différence de bien n'est pas du tout essentielle. Au contraire, elle dénote un degré inférieur du développement de l'État. La forme d'État la plus élevée, la République démocratique, qui devient de plus en plus une nécessité inéluctable dans nos conditions sociales modernes [...] ne reconnaît plus, officiellement les différences de fortune. La richesse y exerce son pouvoir d'une façon indirecte, mais d'autant plus sûre. D'une part, sous forme de corruption directe des fonctionnaires, ce dont l'Amérique offre un exemple classique, d'autre part, sous forme d'alliance entre le gouvernement et la Bourse, cette alliance se réalise d'autant plus facilement que les dettes augmentent davantage et que les sociétés par actions concentrent de plus en plus entrent leurs mains non seulement le transport, mais aussi la production elle-même, et trouvent à leur tour leur point central dans la Bourse. »[127]

L'appropriation de l'aspect du langage juridique par l'État, représentant des classes sociales dirigeantes, met en péril le citoyen qui est un acquis social et n'est pas favorable à la construction d'un État de droit. Par cette appropriation, il entraîne l'effondrement de l'ordre social ; et la mort lente du citoyen qui cherche, au-dedans du désordre de son déclin, à ordonner son existence au regard des libertés inhérentes et vitales à sa survie. Les libertés, même biologiques, avec l'organisation sociale, ne sont pas individuelles. Les droits qui en découlent ne sauraient l'être non plus. Ils sont imposés par la société, par l'État. Donc, les interactions État/citoyen et citoyen/État sont indispensables et leur nature détermine l'infranchissable, le degré d'obligation de l'un par rapport à l'autre.

Les obligations, sont une lutte pour ainsi dire. Une question de vie ou de mort. Une interaction violente entre l'État et le citoyen.

---

[127] F. Engels, *op.cit*, p.284.

Et encore plus violente quand l'État interagit mal aux droits (libertés). C'est ce qui explique la longue marche de l'humanité pour les droits de l'Homme. Des droits qui, pendant longtemps, faisaient abstraction de la femme qui portait ou gardait encore, en elle, les empreintes de la préhistoire patriarcale. Cependant, il reste évident que la lutte des femmes, pour la conquête de leurs droits, a eu une portée bénéfique aux genres et à l'humanité tout entière. Leur lutte allait changer tout le cours de l'Histoire du monde et apporter à l'humanité une vision beaucoup plus équilibrée du droit. Cet apport a valu aux droits de l'Homme sa valeur universelle.

a) — Des droits de l'Homme au regard du patriarcat

La première trace écrite connue dans le Code Hammourabi remonte à 1700 av. J.-C à Babylone, l'écriture des lois pouvant d'ailleurs être considérée en soi comme une première conquête pour protéger l'individu contre l'arbitraire du pouvoir. D'autres traces écrites – référant à une loi supérieure aux lois des Hommes – sont aussi connues comme les Tables de la loi de Moïse au XIIIe siècle av. J.-C directement dictées par Yahvé l'Antigone de Sophocle au Ve siècle av. J.-C […] Au 1er siècle après J.-C. ; dans la lignée de l'école stoïcienne, Sénèque affirme que « *l'Homme est une chose sacrée pour l'Homme* » ; au Ve siècle, Augustin évoquant le concept de justice au regard du christianisme qui privilégie la créature humaine, ouvre virtuellement le droit à la contestation au nom de la liberté de conscience justement. Et le Coran affirme pour sa part que « l'être humain est la créature qui mérite un respect inconditionnel. » (J.-J. Gandini, juin 2007)

Mais il s'agit là pour l'essentiel de réflexions philosophiques, non de textes fondateurs de droit (s), fruits de la révolte d'une partie de la société contre l'arbitraire du pouvoir.

C'est en 1215 en Angleterre que va paraître ce qui préfigure les futures grandes Déclarations des droits de l'Homme, la *Magna carta* (la Grande Charte) rédigée en France par les Anglais émigrés en révolte contre leur roi Jean Sans Terre (…) Toujours en Grande Bretagne, le mouvement va se perpétuer avec la *Pétition des Droits* en 1623 ; qui sera institutionnalisée en 1679 avec l'*Habeas*

Corpus… En 1689, le *Bill Of Rights* proclame les bases de la constitution des Anglais et consacre la victoire sur l'absolutisme des Stuarts en définissant les droits du parlement et des citoyens ; en mai 1776, en Amérique, le *Virginia Bill Of Rights* le premier texte moderne sur les droits de l'Homme a vu le jour sous l'influence du philosophe John Locke qui suggère une séparation entre l'État qui n'a pas à se mêler de la liberté du culte et l'Eglise qui n'a pas à se mêler des intérêts civils […]. Le 9 juillet 1789, l'Assemblée nationale constituante […] consacra l'abolition de la féodalité […] et proclama le 26 août 1789 la Déclaration des droits de l'Homme et du citoyen […]. En 1793, un nouveau texte[128] va inventer les premiers droits économiques et sociaux […], et va proclamer pour la première fois le droit à l'instruction (avec pour toile de fond la formation civique), mettre l'accent sur la résistance à l'oppression et le droit à l'insurrection.

Mais il faudra attendre le 10 décembre 1948 et la proclamation de la Déclaration universelle des droits de l'Homme pour que droits individuels et droits collectifs soient proclamés en même temps et sur le même plan au bénéfice de l'humanité dans son entier. Sur la base de cette Déclaration universelle des droits de l'Homme vont être adoptés en 1966 le Pacte international relatif aux droits civils et politiques et le Pacte international relatif aux droits sociaux et culturels. Ce dernier met surtout l'accent sur les droits (créances).[129]

Ce cheminement de l'Homme vers l'harmonisation de ses interactions pour un bien-être collectif se faisait dans l'esprit du patriarcat qui depuis l'avènement du Néolithique considérait le genre féminin comme la chose ou la propriété privée du genre masculin. Donc droit de l'Homme ne faisait pas forcément référence à l'espèce humaine impliquant ainsi les deux genres. « Les droits de l'Homme et du citoyen proclamés par la Révolution française référaient uniquement aux Hommes et non à l'ensemble

[128] Déclaration des droits de l'Homme et du citoyen de 1793.
[129] J-J. Gandini, *op. cit.*, p.6-12.

des êtres humains. »[130] Le genre féminin restait pendant longtemps assujetti au caprice du genre masculin. Il fut son esclave. « Même à la maison, ce fut l'Homme qui prit en main le gouvernail ; la femme fut dégradée, asservie, elle devint esclave du plaisir de l'Homme et simple instrument de reproduction. »[131]

L'inégalité des genres, pour rester dans la logique paradoxale, par sa capacité de nuisance suffisante, a déclenché la lutte féminine contre l'exploitation de la femme qui n'entendait plus continuer à vivre cette frustration de la société dont elle est à la fois conceptrice et porteuse, contrairement à l'Homme qui n'est que le géniteur. Elle a compris que ce dernier en tant que tel une fois joué sa partition dans le duo de la conception cesse d'être indispensable dans le devenir des générations. Donc, pour la femme c'est un impératif de défendre les fruits de ses entrailles dont elle la seule en mesure de comprendre les souffrances et les aspirations.

Voilà une autre image de la mère patrie : l'Homme (le sexe mâle) est incapable à lui seul de définir ses droits et par ricochet incapable à lui seul de faire la gestion de la société. Si l'Homme se connaît en tant que maître, la femme se connaît en tant qu'esclave avisée mieux armée pour mener la lutte de libération et offrir des droits durables à ses descendants. Ainsi, partout et sur tous les terrains, allait-elle se retrouver pour mettre en valeur sa capacité de transformer – à l'égal du genre masculin voire souvent mieux – tout ce qui constitue un obstacle à l'évolution de l'humanité. Au prix de lourds sacrifices et durant des siècles, la lutte des femmes a fini par renverser l'esprit préhistorique qui – aujourd'hui encore, par endroits, chez le sexe mâle, dans des cultures de beaucoup de peuples sur la planète – est très manifeste.

Peut-on la qualifier cette persistance de machisme ou de sous-développement ? Tel n'est pas l'objet de notre démarche. Il s'agit

---

[130] Condorcet. « *Essai sur l'admission des femmes au droit de cité,* » 1790 in Paule-Marie DUHET. *as Mujeres y la Revolución Barcelona*, 1974 Ed. Península. A : http://www.historiasiglo20.org/

[131] F. Engels, op.cit., p.130.

plutôt de montrer comment la lutte féminine a pu corriger les droits et apporter aux droits de l'Homme un aspect universel et durable.

b) — La femme et les droits de l'Homme

La lutte des femmes pour la conquête de leurs droits va sceller du sceau de l'universalité et de la durabilité les droits de l'Homme. Elle fera prendre conscience à l'humanité que l'Homme est un élément de la grande famille humaine dont l'élément complémentaire est la femme. Je vais peut-être trop vite en besogne ! Il serait bon d'apprécier par vous-même le rôle de la femme dans le processus d'adaptation de l'existence humaine à la société. De plus, il serait bon d'apprendre à connaître les différentes stratégies de lutte qu'elle a utilisées pour amener la société à sortir de l'injustice sociale et créer un monde plus juste auquel tout citoyen pourra s'y identifier. La guerre, à côté d'autres événements sociaux, fut la première matière de par sa capacité de nuisance suffisante avec laquelle la femme va interagir – en montrant à l'humanité comment se l'approprier et comment s'en débarrasser – pour pouvoir ainsi apporter une transformation en guise de solution aux problèmes de l'existence sociopolitique et économique de l'humanité. La lutte des femmes a imposé, à l'humanité, un nouveau paradigme aux problématiques du droit et des lois.

On est en 411 av. J.-C., dans la Grèce antique. La pièce de théâtre *Lysistrata* – basée sur la guerre sanglante, qui dura vingt ans, entre les Athéniens et les Spartiates – fut présentée pour la première fois. Les femmes de l'Acropole et des villes voisines, menées par Lysistrata, se mirent d'accord pour faire une grève du sexe. Elles résistèrent avec ferveur aux avances sexuelles de leurs maris pendant la durée du conflit. Les guerriers n'en pouvaient plus et ils décidèrent finalement de faire la paix.[132]

[132] Loi, Isidoro. « Men. » Ramdom House Mondadori. Santiago. 2005 (tiré du cours, *Perspectives de genre dans les opérations de maintien de la paix des Nations-Unies*, élaboré par Ximena Jiménez, 2008).

Au Vᵉ siècle apr. J.-C., en Égypte, Hypatie d'Alexandrie reçut une éducation approfondie et en vint à maîtriser les mathématiques, la géométrie, l'astronomie et la philosophie. Sa célébrité se répandit à travers l'Europe, l'Asie et l'Afrique. Les gens voyageaient afin de venir écouter ses leçons. [...] Cyrillus, patriarche d'Alexandrie, dirigea des discours caustiques contre Hypatie parce qu'elle était la principale référence de la culture païenne dans la ville et sa simple existence prouvait que la femme n'était pas inférieure à l'Homme. Un jour, à la suite de son prêche, alors qu'elle se dirigeait vers son travail au musée, Hypatie fut encerclée par une foule de chrétiens fanatiques, selon lesquels elle n'avait pas consacré ses efforts aux devoirs féminins ; ils lui coupèrent la gorge et mirent son corps en pièces à l'aide de coquillages. Plusieurs siècles plus tard, en 1882, le pape Léon XIII déclara Hypatie Docteur de l'Église et elle fut éventuellement canonisée.

Au début du XVᵉ siècle, Jeanne d'Arc (1413-1431), une paysanne analphabète française, fit sortir les Anglais d'Orléans, remplissant ainsi la promesse faite au roi selon laquelle il serait couronné. L'évêque de Beauvais l'a par la suite trahie en la donnant aux Anglais pour 10 000 ducats d'or. Lors de l'inquisition réalisée par l'Église, elle fut accusée de sorcellerie et de blasphème. Elle fut ensuite brûlée sur le bûcher de Reims. Le roi ne fit rien pour l'aider.

Au XVIᵉ siècle, Maria Lejars écrivit *Equality Between Men And Women.* C'était un livre dans lequel elle exhortait les droits des femmes et promulgua l'égalité et l'équilibre des genres dans une société dominée par les Hommes. Par la suite, en 1731 en Angleterre, Mary Astell écrivit *A Serious Proposal to the Ladies for Advancement of Their True and Greatest Interest*, texte dans lequel elle défendait les droits des femmes.

En 1769, Josefa Amar d'Espagne fit un discours sur l'éducation physique et morale des femmes. Suivant cette tendance, en 1784, un livre fut publié sur l'*Importance de l'éducation* pour les femmes. Cependant, ce n'est que lors de la Révolution française que l'opinion des femmes commença à s'exprimer de manière collective.

Paraphrasant le contenu du grand document de la Révolution française, Olympe de Gouges (1748-1793) affirma que la révolution avait oublié les femmes dans son message d'égalité et de liberté. En 1791 elle formula la *Déclaration des droits des femmes et de la citoyenne* qui était une copie, en fait, de la *Déclaration des droits des Hommes et du citoyen*, adoptée par l'Assemblée nationale en août 1789. Olympe de Gouges présenta le document à l'Assemblée nationale française. Elle fut la protagoniste de la réponse féminine. Cependant, les Hommes qui dirigèrent la Révolution, pas même les plus radicaux d'entre eux, ne partageaient pas les idéaux de cette déclaration. Les *enragés* (la faction la plus radicale des révolutionnaires) [...] l'un d'entre eux, Chaumette, un célèbre misogyne, alla jusqu'à dire : « Depuis quand est-il permis de renoncer au sexe de quelqu'un ? Depuis quand est-il décent de voir des femmes abandonner les soins vertueux de leurs maisonnées, le berceau de leurs enfants, de venir en des lieux publics, aux tribunes pour écouter des discours, à la barre du Sénat [...] pour exécuter des devoirs que la nature a réservés aux Hommes uniquement ? » (X. Jiménez, 2008)

Une telle pétition allait coûter sa vie à Olympe. Les femmes qui l'accompagnaient furent un peu plus chanceuses et furent enfermées à vie dans un asile. Olympe de Gouges est devenue l'une des premières martyres des droits des femmes.

Le manifeste le plus féministe jamais entendu à l'époque, intitulé *The Vindication of the Rights of Women*, fut publié en 1792. Son auteure, l'Anglaise Mary Wollstoncraft (1759-1797), voulait changer l'idée selon laquelle les femmes existaient uniquement pour le plaisir des Hommes. La proposition était fortement controversée. Elle exigeait des droits moraux, éducatifs, politiques et professionnels (travail) égaux à ceux appliqués aux Hommes. Ceci allait à l'encontre de l'absolutisme des rois, un système politique qu'elle accusait d'empêcher l'égale distribution des droits entre les Hommes et les femmes. Les Hommes exerçaient une tyrannie complète sur les femmes et la seule manière de surmonter cette subordination féminine était le libre accès à l'éducation. Celle-ci accorderait aux femmes des conditions égales à celles des Hommes ; conditions leur permettant, ainsi, d'acquérir l'indépendance économique grâce à des activités rémunérées.

Cependant, elle n'accordait pas d'importance aux justifications politiques et ne faisait pas référence au droit de vote des femmes.

Au milieu du XIXe siècle et, précisément, en 1848 aux États-Unis, contrairement à ce qui se passait en Europe, de grands groupes de femmes de classe moyenne, éduquées, devinrent le moteur de la poursuite de l'égalité des genres dans leur société. Ainsi, ladite *Seneca Falls Declaration* apparut, et elle fut adoptée le 19 juillet de la même année dans une chapelle méthodiste d'une localité de l'État de New York. Ce document exprimait certaines idées sur la condition de la femme dans cette société, mentionnant les humiliations que les femmes avaient subies au cours de l'Histoire. Elizabeth Candie Staton (1815-1892) fut une des auteurs de la déclaration.

La Guerre de Sécession américaine se déroula entre 1861 et 1865. Après cette guerre, les esclaves noirs libérés obtinrent la permission de voter, mais pas les femmes. La réaction fut immédiate. Sous le *leadership* de deux femmes, Elizabeth Staton et Susan B. Anthony (1820-1906), l'Association nationale pour le suffrage des femmes (*National Woman Suffrage Association*) fut fondée en tant qu'organisation indépendante de tout parti politique de l'époque.

En 1903, Marie Curie gagna le prix Nobel de physique. En 1910, un poste s'ouvrit à l'Académie scientifique française et son nom fut proposé. L'Académie répondit : « Les femmes ne peuvent pas faire partie de l'Académie scientifique française. », barrant son nom de l'Académie pendant dix ans. Elle gagna le prix Nobel de chimie en 1911.

La journée internationale des femmes fut créée en 1908. Il y a plusieurs causes à l'origine de cette journée, qui est encore célébrée chaque année.

Le 8 mars 1857, des centaines de femmes d'une manufacture textile de New-York organisèrent une marche de protestation contre les conditions de travail inhumaines et les faibles salaires puisque ces derniers étaient de 60 à 70 % plus bas que ceux des Hommes occupant un emploi similaire. La police dissipa les manifestantes qui formèrent deux ans plus tard leur premier syndicat. Débutant avec cet événement historique du 8 mars, la date a été une référence pour la lutte des femmes désirant être reconnues dans un monde dominé par les Hommes.

En 1908, à la manufacture Cotton Textile de Washington, un groupe de travailleuses déclara une grève en protestation contre les conditions de travail inhumaines et prit le contrôle de la manufacture. Ces travailleuses exigeaient le même salaire que les Hommes ; que dimanche soit une journée de congé, que les quarts de travail soient réduits à dix heures, l'obtention de congés de maternité, et d'un horaire de travail réduit. Le propriétaire n'accepta pas la grève, ferma ses portes et mit le feu à la manufacture. Cent vingt-neuf femmes y perdirent la vie.

En 1909, New York fut une fois encore témoin d'une protestation de la part de 15 000 travailleuses. Avec la devise *du pain et des roses*, le pain symbolisant la sécurité économique et les roses, la qualité de vie, les femmes firent connaître aux dirigeants leur mécontentement par rapport au droit de vote et réclamèrent l'abolition du travail des enfants.

Réagissant aux deux millions de soldats russes morts durant la Grande Guerre en 1917, les femmes russes entrèrent en grève lors du dernier dimanche de février afin d'exiger du pain et la paix. Le tsar fut forcé d'acquiescer à leurs demandes et sur ces entrefaites le gouvernement provisoire accorda aux femmes le droit de vote.

Il y eut aussi des Hommes qui ont cherché à promouvoir l'égalité des Hommes et des femmes. Parmi eux l'illustre Français

Nicolas de Condorcet (1743-1794), qui mit en place un programme idéologique basé sur la Révolution. Dans son œuvre *Esquisse d'un tableau historique des progrès de l'esprit humain*, il demanda la reconnaissance du rôle de la femme dans la société. L'intellectuel prétendait que la condition sociale des femmes de son époque était similaire à celle des esclaves. Après le triomphe de la Révolution française en 1789, une forte contradiction surgit. D'un côté, l'idée universelle de l'égalité politique et naturelle des êtres humains était justifiée, mais de l'autre, elle ne s'étendait pas jusqu'aux droits politiques des femmes (la moitié de la population), ce qui signifiait en fait le reniement de leur liberté, contrairement aux autres individus.

En 1869, le penseur libéral britannique John Stuart Mill (1806-1873) et sa femme Harriet Taylor Mill (1807-1856) publièrent *The Subjection Of Women.* Sa pensée centrale reposait sur le droit de vote des femmes et l'élimination de toute discrimination légale envers les femmes. Il affirma que lorsque ces difficultés seraient surmontées, la sujétion des femmes aux Hommes se terminerait et qu'elles atteindraient une émancipation totale. [...]. Le livre de Mill a eu un immense impact sur la société anglaise, internationalisant le mouvement mondial pour le suffrage universel. Au cours de la même année, son livre fut publié en Australie, en Autriche, au Danemark, en France, en Allemagne, en Nouvelle-Zélande, en Suède et aux États-Unis. L'année suivante, ce fut en Italie et en Pologne. Ceci accrut la conscience collective de milliers de femmes des classes des hautes classes de l'aristocratie de ces pays. Éventuellement, en 1866, Mill présenta une demande pour que les femmes puissent voter au Parlement britannique. Bien que sa demande fût rejetée, cet événement mena à l'apparition en 1867 du premier groupe en faveur du droit de vote des femmes : la Société nationale pour le suffrage des femmes dirigée à l'époque par Lydia Becker.[133]

---

[133] Tous les paragraphes relatifs à la lutte des femmes pour l'égalité des genres, ont été traités et tirés à partir du cours : *Perspectives de genre dans les opérations de maintien de la paix des Nations-Unies*, élaboré par Ximena Jiménez, 2008. p.57-62.

3.2.3. — Le paradoxe du respect et du non-respect des lois

La loi est sociable. Donc limitative aux normes et aux droits. Elle est donc culturelle anthropologiquement, la nature de l'Homme est de vivre à l'instar de tout être qui se meut dans l'espace comme bon lui semble. Ou bien, pour respecter le paradigme créationniste, la nature de l'Homme aurait été conçue pour vivre selon les prescriptions divines. Mais l'Homme – en voulant se démarquer de l'animal, au regard du paradigme évolutionniste ; et/ou de Dieu, au regard du paradigme créationniste – organise l'existence de telle sorte que la vie en général ne soit pas le fruit du hasard. La société devient ainsi un repère pour l'Homme ; une pratique de vie au regard des lois qui sont censées être sa théorie : le processus explicatif du comment et du pourquoi de cette pratique de vie. Toute l'orientation de l'Homme en dépend.

Dès lors, l'application de la loi – puisqu'elle découle de la nature des choses, c'est-à-dire de la réalité de l'espace et du temps – devient paradoxale. Un paradoxe qui s'explique par la variabilité de la réalité qui la rend quasi insaisissable parce qu'elle change beaucoup plus vite que la pensée planificatrice. Il apparaît que le législateur est dépassé, surtout quand il est dépourvu de la sagesse scientifique, et crée ainsi certaines lois qui marginalisent, totalement, des couches sociales qui sont condamnées à vivre en société.

La mort physique est la grande déception. Par contre, mourir socialement est le pire type de morts. Quand on enfreint les lois fixées par la société, on entame le processus social de sa propre mort. Cela vaut et pour le citoyen et pour la société. Mais de quelle société s'agit-il ? De quelle loi ?

Quand l'Homme est acculé, il entre en plein dans le *paradoxe de la bêtise* : entre deux maux, il a à choisir le moindre mal. Mais en fait, le citoyen n'a pas réellement le choix. Tel est le paradoxe social qui met le citoyen face à un double comportement : le responsable et l'insensé. Malheureusement, cela ne devrait pas être ainsi, mais la société a tout fait pour que ce ne soit pas autrement. L'essentiel est d'exister. Seul l'insensé choisira le pire.

Confronter le responsable à l'insensé, à travers un « *paradoxe des extrêmes* » qu'on peut qualifier de « *paradoxe de la bêtise* », aussi, est un petit exercice auquel tout un chacun peut se livrer. Exercez-vous un peu : mourir de faim ou voler quelque chose à manger ; être chômeur au lieu de se prostituer, accepter la corruption ou se faire limoger... Du pire faites le meilleur choix ?

Sans vous mettre à la place de l'un ou de l'autre, vous conviendrez que ce serait triste de mourir de faim, mais condamnable d'avoir accepté de mourir de la sorte, c'est le déshonneur de s'adonner à la prostitution, mais c'était honteux de vivre dans la misère, c'est de l'indécence d'être corruptible, mais c'était indigne d'être privé de salaire ou de source de revenus. Donc, l'obligation s'impose. En fait, elle ne vous laisse pas le choix... Ne pas mourir de faim est une obligation ; trouver un moyen pour assouvir sa faim en est aussi une autre. Voler est un moyen, mais il en existe bien d'autres. Cependant, le voleur, le prostitué, le corrompu avaient-ils le choix ? Là, le juridique a toute sa force. Le droit objectif intervient pour déterminer les circonstances atténuantes pour, dans ce contexte, légitimer le vol, la prostitution et la corruption au regard de l'humanitaire ou de la vie : la légitime défense. Aux élites dirigeantes à présent de préférer à tous ces maux la création de conditions d'existence socio-économique idoines.

« De toutes les choses du monde, il n'y en a aucune qui abatte davantage l'esprit des Hommes, et qui leur cause de plus sensibles déplaisirs, que la pauvreté ; soit qu'elle fasse manquer de commodités nécessaires à l'entretien de la vie, soit qu'elle soustraie celles qui servent à soutenir le rang et la dignité des conditions. Et bien qu'il n'y ait personne qui ne sache que les moyens se doivent acquérir par l'industrie et se conserver par le bon ménage ; toutefois, il est ordinaire à ceux qui se trouvent dans la disette de rejeter sur le mauvais gouvernement de l'État la faute de leur fainéantise et de leur prodigalité ; comme si les malheurs du temps, les trop grandes exactions publiques étaient les causes de leur misère particulière. Cependant, les Hommes doivent considérer, que non seulement ceux qui n'ont aucun patrimoine, sont obligés de travailler pour vivre, mais aussi de combattre pour avoir le moyen de travailler. » (T. Hobbes, 1642, p.139) L'espace d'enracinement du civisme prend forme dans la vision des élites dirigeantes, lesquelles doivent saisir le paradoxe social pour établir les balises, les lois forgeuses d'une conscience collective de solidarité et d'appartenance à un seul et même territoire. Cette conscience c'est l'obligation même, ou le symbolisme de l'obligation qui s'impose au mode de vie du citoyen, à son fonctionnement quotidien et qui lui est indispensable à sa stature d'Homme. Elle est l'âme citoyenne nourrie par les lois faites pour être respectables et respectées, d'abord par les institutions étatiques, ensuite par les institutions de socialisation lesquelles sont censées être la pierre de consolidation de l'espace territorial puisqu'il leur revient la responsabilité respective de production et de transmission des valeurs aux générations futures.

L'absence d'un tel mécanisme, ou d'une telle conscience met les élites dirigeantes en porte à faux par rapport à leur mission. La liberté individuelle, dans une telle société, devient semblable au comportement du fou qui s'en fout pas mal de la société et de l'État. Il n'est ni déviant, ni délinquant. Tout simplement, il casse tous les tabous et se retrouve seul face à sa loi : libre. Il ne cherche pas à établir un quelconque équilibre comportemental ou sociétal. Il est libre dans sa marginalité. Plus libre qu'un Robinson fait prisonnier sur une île à la recherche d'un équilibre entre sa personne et lui-même, et sans lien avec ses propres concepteurs. La liberté de Robinson, est contraire à celle d'Adam, placé seul dans l'Éden, mais en communication avec son créateur, son concepteur qui voyait la nécessité d'une parfaite interaction et qui, en conséquence, lui a donné Eve comme interlocutrice et plus tard le diable. Le libre arbitre d'Adam, sa liberté individuelle, est en relation avec des principes de son concepteur : Dieu.

Montesquieu écrit : « L'Homme (...) comme être intelligent, viole sans cesse les lois que Dieu a établies, et change celles qu'il établit lui-même : il est sujet à l'ignorance et à l'erreur, comme toutes les intelligences finies : les faibles connaissances qu'il a, il les perd encore. Comme créature sensible, il devient sujet à mille passions. Un tel être pouvait à tous les instants oublier son créateur ; Dieu l'a rappelé à lui par les lois de la religion. Un tel être pouvait à tous les instants s'oublier lui-même ; les philosophes l'ont averti par les lois de la morale. Fait pour vivre dans la société, il y pouvait oublier les autres ; les législateurs l'ont rendu à ses devoirs par les lois politiques et civiles. »[134] Donc liberté individuelle ne va pas sans des lois ou des droits préétablis qui, certes selon la nature des choses, sont appelés à changer et/ou modifier pour les besoins de la cause.

En ce sens, les lois, sont les règles d'application ou d'exécution des droits. La société fait les lois qui définissent les règles de droit. L'État fait appliquer ces lois. Mais il s'est trouvé que l'État se confonde avec les élites dirigeantes au point que l'application de ces lois se réalise au profit de ces élites qui réduisent la collectivité, la raison d'être du citoyen, à des groupes d'intérêts spécifiques. Ainsi sapent-elles tout esprit de consensus. Or, « toute liberté, ou tout droit implique, nécessairement, pour l'exercer complètement, un devoir de tolérance et de respect. »[135]

Les obligations en sont issues de là et sont caractérisées par la résistance du citoyen à ne pas laisser violer des droits acquis au cours de violentes interactions qui l'ont amené à des concessions et à l'acceptation de la création d'institutions d'arbitrage et de défense dont l'État devrait être la forme expressive la plus authentique, le gardien de l'ordre. L'État (les élites dirigeantes), émerge justement de cette résistance. Ce qui le met dans la situation de recourir aux droits que lui incombe la loi s'il ne veut pas faire courir aux citoyens la perte de leur identité en tant que peuple.

Bien entendu, il s'agit d'un État responsable où les dirigeants sont moulés au civisme. Dans ce contexte, le citoyen, tout comme l'État est condamné à respecter la loi qui trace les limites des droits tant des droits (libertés) que des droits (créances). Donc dans le

---

[134] Montesquieu, *De l'esprit des Lois*. Paris, 1979. Garnier-Flammarion, p.125.
[135] *« Le civisme »*, 20 août 2007 (http://www.aixmrs.infm.fr/formations/filières/ecj s/productionsaix/civisme.htm.)

cachet de la loi, ses droits sont devenus des obligations ; c'est-à-dire qu'ils sont imprescriptibles dans l'existence territoriale. Chaque acteur (l'État, le citoyen) est tenu de jouer son rôle au regard de la loi et non au regard de ces droits. « La loi, instrument juridique de l'intervention de l'État, doit donc avoir pour seul objet la défense de ces libertés [...] elle doit interdire et non prescrire, et encore les interdictions doivent-elles rester l'exception. Moins il y a de lois, moins il y a de contraintes étatiques et plus les individus sont libres de faire usage de leurs droits comme ils l'entendent. »[136]

Cela dit, il ne faut pas penser à un quelconque relativisme comme en démocratie où un citoyen peut choisir de faire telle chose par rapport à une autre. Non, en matière de civisme il n'est pas laissé à l'acteur (l'État ou le citoyen) le choix de décider. Il a à se conformer.

Comme en matière de religion, on ne fait pas de cadeau : vous devez être croyant sinon vous n'êtes pas considéré comme faisant partie de la communauté des fidèles ou des adhérents. On ne vous laisse pas le choix de participer à des décisions de culte, du rituel si vous n'êtes pas croyant. On se répète : l'acteur n'a qu'à se conformer. Il doit agir dans le sens des intérêts de la collectivité dans le sens de la loi. Mais quelle loi ? D'une loi applicable à la réalité de l'espace et du temps.

Ce discours est dictatorial, diriez-vous. Il n'y a pas lieu d'en disconvenir. Mais attention ! Tel n'est pas le fond de notre discours : civisme et démocratie riment dans la mesure où les lois sur lesquelles, l'État est édifié, sont d'abord démocratiques et sont ensuite respectées par les différents acteurs, particulièrement par les élites dirigeantes (l'État).

Dans le cas contraire, ils sont incompatibles et c'est là que surgit la désobéissance civile. Donc plus les lois sont démocratiques et respectées par les élites dirigeantes plus l'État est fort et moins grande est la propension à la désobéissance civile et

[136] D. Rousseau, 21 septembre 2007. « *L'État de droit est-il un État de valeurs particulières ?* » (Http://www.aix-mrs.iufm.fr/formations/filieres/ecjs/reflexions/etatdroit.html.)

plus le citoyen est prêt à s'y conformer. Dès lors, le civisme investit le champ du pouvoir politique qui « est inhérent à toute société ; il provoque le respect des règles qui la fondent, il la défend contre ses propres imperfections, il limite, en son sein, les effets de la compétition entre les individus et les groupes. » (G. Balandier, 1967, p.43)

La dictature des lois ! Si telle est acceptée pour élément de définition la démocratie ; elle peut être aussi considérée comme telle pour le civisme. Voilà pourquoi le civisme débouche sur le patriotisme et le nationalisme. Il n'a jamais été un péché d'être fanatique. Mais le fanatisme a toujours été condamnable quand il frôle l'indécence, la criminalité, le génocide, la xénophobie…

La finalité du civisme est loin d'être cet excès de nationalisme. Mais le civisme n'est pas non plus une sagesse infantile qui frôle la lâcheté jusqu'à exposer son territoire et ses citoyens au vol, au viol, à l'indignité, à l'humiliation coloniale et/ou à la volonté de puissances étrangères… T. Hobbes affirme : « Je conclus donc derechef que toutes les sociétés sont bâties sur le fondement de la gloire et des commodités de la vie […] le secours d'autrui qu'on a reçu pour monter à la gloire en diminue le prix. […]. C'est donc une chose tout avérée que l'origine des plus grandes et des plus durables sociétés, ne vient point d'une réciproque bienveillance que les Hommes se portent, mais d'une crainte mutuelle qu'ils ont les uns des autres. » (1642, 33-34).

Sans cette compréhension du civisme, le territoire existe physiquement sans aucune grandeur puisqu'il ne peut être délimité idéologiquement ni dans le temps, ni dans l'espace. Il revient alors à se demander quels sont ces droits qui dans le cachet de la loi constituent des obligations face auxquelles aucun acteur n'a le choix. Y a-t-il un quelconque rapport entre le civisme et ces droits ? Il existe tout un débat autour des questions : du civisme et civilité.

J'hésite à entrer dans ce débat, mais sans crainte d'ouvrir un autre pour dire que le comportement civilisé (la civilité) et le comportement civique sont les complémentaires d'un même ensemble : le civisme. La civilité ne serait que l'élément initiatique au civisme. Manquer à la civilité, c'est accéder au civisme avec des lacunes, très difficiles à combler.

L'émission d'un tel point de vue est loin de confondre vertu privée et vertu publique, respect des codes du savoir-vivre et conscience politique[137]. Elle n'est pas non plus destinée à contrecarrer certaines définitions du civisme, lesquelles le différencient de la civilité. Au contraire, il est admis que la civilité serait le respect des règles du bien-vivre et relèverait des rapports entre sujets dans la sphère privée et que le civisme serait le respect et le dévouement à l'égard de la chose publique et relèverait de la sphère publique.[138]

Cependant, comment doit-on désigner ou nommer le processus de socialisation qui impose au sujet et/ou au citoyen la contrainte du respect des codes de savoir-vivre et la contrainte du dévouement à la chose publique ? Cette définition ne réduit-elle pas le civisme à des attitudes ou comportements qu'on pourrait qualifier d'actions civiques ? Ne serait-ce pas aussi réduire le civisme, ce respect des règles et ce dévouement, à la seule responsabilité du citoyen ? Qu'en est-il du civisme au niveau de l'État et des instances de socialisation ?

Revenons au texte sus cité pour éviter un faux débat : « le civisme est l'exercice du respect à l'égard de la République et de ses lois. […] Autrement dit, le civisme se définit par le respect des droits et des obligations de la citoyenneté. Il suppose donc l'existence de celle-ci. »[139] À ce propos, il n'y a pas de respect sans l'établissement préalable de normes consensuelles. Le respect n'est pas tombé du ciel. Il est acquis sur base de confiance mutuelle dont toute la force réside dans l'implication du citoyen à la chose publique. Pour avoir été impliqué, le citoyen serait prêt à transformer plutôt qu'à anéantir.

---

[137] *« Le civisme »*, 20 août 2007 (http://www.aixmrs.infm.fr/formations/filières/ecjs/productionsaix/civisme.htm.)

[138] *Idem.*

[139] *Idem.*

En effet, plus le citoyen ne participe pas à l'établissement d'une œuvre plus il est enclin, soit par ignorance soit par égocentrisme, à vouloir sa destruction, à n'avoir aucun respect à l'égard de l'œuvre.

A. Beitone dans son entretien publié dans Interview à L'Enseignant (organe du SE-UNSA) et intitulé *La formation du citoyen* écrit : « Un citoyen est quelqu'un qui [...] contribue à faire la loi, à déterminer les orientations de l'action politique et sociale de l'État. [...] Le citoyen respecte la loi parce que celle-ci est le résultat d'une élaboration démocratique, qu'elle résulte d'un débat public, qu'elle est susceptible d'être changée. »[140] Le respect alors n'est pas vide de sens. Il évoque l'idée d'un titre, c'est-à-dire d'un investissement de soi dans une entreprise collective qui vous assure en retour (plus tard) une rente de situation, un gain de productivité qui vous rend crédible aux yeux des autres à revendiquer, à se faire accepter, à contester, à être toléré...

Le respect, en ce sens, sous-tend la participation, la complicité. Dominique PICARD, pour sa part, pense que la valeur-respect, « s'affirme aujourd'hui comme une forme positive de politesse débarrassée des hypocrisies et des visées ségrégationnistes de la politesse classique. »[141] Il ne reste pas aux seules relations interpersonnelles. Ce n'est pas une simple civilité dans le sens de dire *bonjour, excusez-moi ou s'il vous plaît*... C'est surtout un acte durable empreint de convivialité et de cohabitation d'une diversité culturelle et/ou comportementale. « Le respect mutuel est considéré comme le fondement incontournable de la paix sociale. Et être respecté est comme le premier signe de la condition de citoyen. »[142]

Complice de sa situation sociale, le citoyen s'est doté d'une conscience contraignante qui est inhérente au civisme. Toute la

---

[140]A. Beitone, 21 septembre 2007. « *La formation du citoyen* » http://www.aixmrs.iufm.fr/formations/filières/ecjs/reflexions/formationcitoyen.html

[141] « *Le civisme* », 20 août 2007 (http://www.aixmrs.infm.fr/formations/filières/ecjs/productionsaix/civisme.htm.)

[142] *Idem.*

conscience sociale, dans ses différentes variables, en découle. La conscience politique en est une. Le citoyen, dans le contexte des obligations, doit être considéré à la fois comme une caisse à valeurs et une garantie aux valeurs, suivant le type d'encaisse fait par la société *via* les lieux de socialisation. Pour être plus simple, disons que le citoyen ne peut pas être respectueux des normes de convivialité, de civilité, etc. dans la mesure où la société ne les lui aurait pas inculquées. Ces normes sont l'identité même de la citoyenneté parce qu'elles sont l'émanation de l'idéal collectif ou du moins de celui des élites. Dans ce contexte, l'idéal ou les idéaux constituent le soubassement des *valeurs sociales* : du consensus social. Tout un chacun, tout individu s'y retrouve et est prêt à se laisser absorber par ce processus, c'est-à-dire à intérioriser les normes qui y amènent en dépit de leurs caractères contraignants de castes et de classes. Tout cela est pour dire que les valeurs sociales sont entachées de contradictions inhérentes aux rapports de classes. En conséquence, la classe dominante et/ou dirigeante, suivant ses idéaux, peut véhiculer des valeurs qui provoquent une dérive de la citoyenneté.

CHAPITRE IV. — LES AGRÉGATS DE CONSOLIDATION DU CIVISME

On se gardait Jusque-là encore de définir le civisme. Cependant, la démarche suivie fait déjà apparaître, le civisme comme un construit, un édifice élevé sur une base pouvant résister à l'assaut des vicissitudes du temps et des Hommes ; vicissitudes qui, fort souvent entraînent la terreur. Elles emportent, ainsi, toute une population d'Hommes, qui se voit délogée de son Histoire et de son territoire. Le spectre de cette terreur est la matière inépuisable que les élites dirigeantes, de toutes les époques, ont été appelées à exploiter et à transformer, pour fortifier l'âme populaire qui est un des piliers centraux de l'édifice social sinon le pilier des piliers, qui supporte tout le poids de l'agressivité des conquérants.

En tant, que pilier, l'âme populaire est un contre poids au poids de l'agressivité du conquérant qui lui est externe. Elle est sollicitée à la fois par son poids propre désigné dans le langage technique, par charge propre (les préjugés de castes et de classes) et par des charges qui lui sont extérieures ; charges qui peuvent être qualifiées de surcharges. Et ce sont ces dernières qui permettent aux élites dirigeantes – en tant que bâtisseurs du social et du territorial – de définir les dimensions de ce pilier pour lui donner la capacité de résistance aux forces de compression et de torsion (provoquées par le poids de l'agressivité des conquérants) qui peuvent faire basculer l'édifice social. Ici se dessine l'idée de planification en termes de prévisions, de calculs ou de prospective. Toute société s'érige à partir de cette description imagée de l'âme populaire. La société doit pouvoir résister, à travers le temps, d'abord, aux contradictions de castes et de classes qui sont des charges et, ensuite, aux visées hégémoniques (colonialistes et/ou impérialistes) qui sont des surcharges pouvant entraîner la torsion sociale donc, l'effondrement de l'édifice social et/ou territorial.

Alors le civisme *via* les institutions de socialisation, devient un contrefort, un rempart contre le basculement de cet édifice territorial qui peut être fissuré de part en part par l'agressivité des conquérants. Partant de ce point de vue, le civisme est un instrument idéologique de masse, un moule conçu par des élites dirigeantes lesquelles utilisent les lieux de socialisation pour agir sur la conscience de l'individu et le faire muer en citoyen. Cela dit, l'état de la situation du civisme dans un pays est à rechercher à travers ses lieux de socialisation qui sont imbriqués de sorte qu'ils puissent, au regard de leur fonction propre, tendre vers la même finalité, le même idéal : la consolidation du territoire. Cela ne peut pas être possible sans l'implication du citoyen porteur de l'âme populaire et de l'identité territoriale ; qui sont acquises au cours du temps par l'entremise de ces lieux classés, dans le cadre de notre analyse, en six institutions tenant compte des six grandes fonctions qu'ils assurent à savoir : la production des valeurs, la promotion des valeurs, la transmission des valeurs, le contrôle des valeurs, la régulation des valeurs et la contrainte au respect des valeurs.

Avant d'entamer toute une typologie relative aux lieux de socialisation, il est important de faire le point autour du concept de société civile. Répétons que la consolidation du territoire est la finalité des lieux de socialisation. La société civile peut-elle être classée au rang des lieux de socialisation ? Pourquoi les élites dirigeantes ont-elles tout intérêt à apprendre à manipuler la société civile ?

4.1. — Le statut de la société civile

La société civile utilisée comme instrument de résolution de conflits n'est pas un lieu de socialisation et peut faire plus de mal que de bien à, la société, si les élites dirigeantes ne comprennent pas que cet instrument qu'ils ont eux-mêmes créé est à double tranchant. C'est un espace de dynamisation sociale parce qu'elle regroupe des éléments de plusieurs lieux de socialisation, dans l'objectif d'orienter et de mieux formuler une revendication en germe dont les fruits peuvent être amers à avaler par les élites dirigeantes : ses principales composantes. Elle est une alliance très éphémère et spontanée sur une question à caractère politico-économique susceptible de remettre en question le *statu quo*. Sitôt l'entente trouvée autour de la question elle se disloque. Cela est d'autant plus vrai dans les sociétés politiquement instables. « Une élection est un des événements principaux où la société civile se trouve mobilisée, notamment à travers l'éducation de l'électorat. C'est le corps social, par opposition à la classe politique. »[143] L'expression *par opposition* traduit ici, selon nous, le caractère de la société civile comme étant un groupe de pression. En tant que telle, elle peut influencer le vote de l'électorat. Mais s'agissant de *l'éducation de l'électorat*, il faut en douter. Notamment en raison d'abord, du caractère hétérogène de la société civile (ses membres sont pour la plupart des adhérents aux partis politiques) ce qui handicape sa neutralité ensuite en raison des discours de campagne des institutions chargées de la réalisation des élections et, surtout, en raison du discours idéologiques des partis truffé de tromperies ou de vérités très aléatoires. En plus, ce sont des discours qui s'inscrivent dans l'immédiateté c'est-à-dire dans le très court terme. Aucune société, étant donné l'ambiguïté de la société civile, ne peut compter sur la société civile pour socialiser l'individu. Cependant, la société civile peut participer à des actions ponctuelles tendant à la résolution de certains problèmes politiques ne débordant pas le cadre territorial.

On parle parfois de *société civile organisée*, à notre avis, cela désigne seulement une forme de résistance de certaines élites par rapport à l'élite détentrice du pouvoir politique qui menace de les priver de privilèges ou de tout accaparer fissurant ainsi l'alliance stratégique des élites. Ici encore, si l'élite politique corrige le malentendu la société civile éclate et la notion (*organisée*) devient un grand mensonge, une farce. Revenons à l'idée de Gandini que la société civile : « est le champ clos où s'affrontent les intérêts particuliers, à l'ombre des libertés mises à leur service, c'est-à-dire au service des intérêts dominants. »[144]

---

[143] R. Dahrendorf, 6 février 2009. « La société civile » (http://fr.wikipedia.org/wiki/soci%C3%A9t%c3%A9_humaine.)

[144] J-J. Gandini, 2007. *Les droits de l'Homme*. Allemagne : Librio, p.9.

Pourtant, Ralf Dahrendorf écrit : « […] sans société civile, il n'y a pas de démocratie. »[145] Est-ce pour dire que la société civile est bel et bien une organisation et non une alliance éphémère ? On ne va pas tenter de répondre à cette question. Mais, il reconnaît qu'« Il faut six mois pour organiser des élections, dix ans pour installer une économie de marché, mais une génération pour créer une société civile. »[146] Il ne faut pas considérer que l'approche faisant croire au caractère éphémère et spontané de la société civile, soit rejetée par cette idée, puisque créer et durer ne sont pas des verbes synonymes. Le premier traduit un processus dans un temps, le deuxième le temps de l'existence de la chose créée. Quoi qu'on dise, la société civile a comme n'importe quel lieu de socialisation un effet sur le cours des changements sociaux. À la seule différence que si son coefficient d'imbrication peut se rapprocher de celui de la classe politique – dans la mesure où on considère qu'elle est un instrument de contrainte au respect des valeurs – son coefficient de socialisation pourrait être nul. De ce fait, son indice de socialisation pourrait être négatif et inférieur à zéro. (*cf.* tableau 4.1)

Selon notre entendement, tout espace social regroupant des lieux sociaux ou des éléments d'un lieu social dont l'indice de socialisation est inférieur à zéro n'a pas un rôle de grande importance dans le système social. Autrement dit, cet espace est négligeable ; c'est-à-dire sans son implication le phénomène social en question pourra franchir la voie nécessaire vers le changement social. C'est pour dire que la société civile est aussi un produit des lieux de socialisation. C'est l'affaire des élites dirigeantes. Elle découle de leur mode de gestion du territoire et du social. Une société civile ressemble aux élites dirigeantes de son territorial, de son pays. Elle sera cupide si ses élites le sont et, humble si c'est l'image de ses élites. En conséquence, la société civile, comme espace de dynamisation, peut faire bouger une situation sociale dans un sens ou dans un autre suivant l'état d'esprit des élites dirigeantes.

---

[145]R. Dahrendorf, 6 février 2009. « La société civile » Http://fr.wikipedia.org/wiki/soci%C3%A9t%c3%A9_humaine.

[146] Idem.

S'il faut une génération pour la création de la société civile, il faut beaucoup plus de générations, en termes de temps, pour changer la conception des élites dirigeantes. Cela demande le plus souvent le temps d'une révolution, laquelle peut être soit politique, soit sociale, soit les deux à la fois. Les États, où les élites dirigeantes pensent durablement, préparent leur société civile en conséquence. Au lieu de se laisser surprendre par une révolution politique, qui opte pour la solution militaire et qui dans sa fureur les engloutirait tous, ils préfèrent une solution à la manière médicale ; solution qui pour maintenir longtemps la vie va vers la prévention en lieu et place de la guérison. Car ces États savent qu'« Il ne faut pas avoir en vue seulement les désordres présents, mais il faut encore prévenir ceux que l'avenir peut faire naître : car quand on prend ses mesures de loin, les remèdes se retrouvent aisément ; mais si vous tardez trop, le mal devient incurable par sa malignité et par la profondeur des racines qu'il a jetées. L'on peut dire, en politique, ce que les médecins disent de la phtisie, que c'est un mal, dans les commencements, bien aisé à guérir et malaisé à connaître ; mais que si on lui laisse prendre racine sans s'appliquer à la traiter, elle devient dans la suite très aisée à connaître et très malaisée à guérir. Disons de même, dans la politique, que lorsqu'on prévoit les maux de loin, on les guérit aisément ; mais que pour bien les connaître il faut avoir bien de la pénétration et bien de la prudence ; qu'au contraire, si on les laisse croître jusqu'au point que chacun les connaisse, alors personne ne les peut guérir. Ainsi, les Romains, découvrant les maux de loin, ne manquaient jamais d'y appliquer les remèdes nécessaires, et ils ne les négligèrent jamais pour éviter une guerre, sachant bien que qui veut l'éviter ne fait que la différer à l'avantage de son ennemi. »[147]

Une société civile, dans un État qui n'est pas pensé durablement, peut faire beaucoup plus de tort au territoire et à l'ensemble des citoyens de ce territoire que les élites dirigeantes. Car la société civile est un miroir où toutes les couches sociales viennent se mirer. Le citoyen, partant de là, confond ses images virtuelles et réelles et donne mandat à ce personnage fictif (la société civile) qui lui ressemble pour agir en son nom. Par contre,

---

[147] N. Machiavel, 2007. *Le Prince*. Allemagne : Librio, p.17.

et c'est là le paradoxe, la société civile est un espace important puisqu'elle permet la confrontation des idées antagoniques de toutes les couches de la société. Ici on connaît qui est qui. C'est, aussi, l'espace où se joue le destin des futurs Hommes d'État, des traîtres, des Hommes de main et consorts. La société civile en soi est une société secrète, « une mafia » où le parrain est celui qui sait le mieux gérer les soupçons pour porter le coup de grâce à l'adversaire le moment opportun et faire triompher ainsi son cartel pour la durée de son hégémonie.

4.2. — Une typologie des institutions de socialisation

La typologie des institutions de socialisation va avec les lieux de socialisation qui eux-mêmes remplissent les six grandes fonctions, à savoir : production des valeurs, promotion des valeurs, transmission des valeurs, contrôle des valeurs, régulation des valeurs et contrainte au respect des valeurs. Ces six fonctions forment ainsi le cadre institutionnel de la société ; cadre qui, s'il nous est permis d'emprunter l'idée de J. Habermas, « consiste en un ensemble de normes qui guide des interactions médiatisées par le langage. »[148]

L'interdépendance de ces fonctions permet une première classification en deux grandes catégories d'institutions : *les institutions forces et les institutions auxiliaires*.

4.2.1. — Une première classification

4.2.1.1. — Les institutions forces

Elles regroupent les lieux de socialisation, lesquels assurent les fonctions de production, de régulation et de contrainte au respect des valeurs (voir tableau 4.1). Ces lieux sont imbriqués au point qu'ils peuvent assurer à la fois la même fonction et plusieurs fonctions. De ce fait, on peut compter ceux qui, parmi eux, exercent une seule fonction pendant que d'autres sont dits

[148] J. Habermas, *op.cit.*, p.23.

fonctionnels, voire multifonctionnels. On parle d'institutions forces pour désigner le caractère indispensable de certaines fonctions remplies par des lieux de socialisation. Pour ainsi dire, le type de fonction est déterminant dans la caractéristique d'une institution. Ces institutions s'imposent par leurs activités dans l'existence sociale et sont des agrégats d'une importance capitale dans la consolidation du civisme. Les institutions auxiliaires viennent au renfort des institutions forces pour leur faciliter la tâche de socialisation. L'« indispensabilité » des institutions forces ne place pas au second rang les institutions auxiliaires. Au contraire, ces dernières jouent un rôle complémentaire des fonctions de production, de régulation et de contrainte au respect des valeurs. Il est important de se rappeler qu'avec le civisme, on est en plein paradoxe. Dans tous les cas, la production des valeurs a la préséance sur les autres fonctions, mais ne peut se réaliser sans elles.

4.2.1.2. — Les institutions auxiliaires

Elles regroupent les lieux de socialisation, lesquels assurent les fonctions de promotion, de transmission et de contrôle des valeurs (voir tableau 4.1). Ces lieux, comme pour les institutions forces n'assurent pas forcément une seule fonction. La notion d'institutions auxiliaires traduit, dans le rapport d'interdépendance des fonctions, la fonction la plus dépendante. Mais une dépendance rotative ; c'est-à-dire tantôt dépendante tantôt indépendante. Ces fonctions sont dites nécessaires à l'existence sociale. Ainsi, les lieux de socialisation en remplissant ces types de fonctions deviennent des outils entre les mains des élites dirigeantes ; outils dont le mode de manipulation entraîne soit la grandeur d'âme d'un peuple, soit la dégénérescence d'une société et, par ricochet, l'effritement de l'intégrité territoriale. Dans ce sens, ce sont aussi des fonctions indispensables, mais d'une indispensabilité à des degrés moindres. C'est pourquoi nous évoquons leur complémentarité pour expliquer leur rôle d'agrégat de consolidation du civisme.

4.2.2. — Une deuxième classification

Partant de leur fonction, les lieux de socialisation assurent le mélange des agrégats pour être coulés dans le moule social ou dans celui de la territorialité d'où prend forme le citoyen suivant une configuration préétablie. En conséquence, les institutions auxiliaires sont les plus délicates ou les plus dangereuses dans la transformation de l'être biologique en citoyen, puisque si elles échouent dans leurs missions respectives la société fera face à la délinquance et au banditisme qui auront des capacités de nuisance suffisante négatives desquelles elle devra débarrasser. Ce qui sera très difficile, vu que la socialisation est un processus durable. Donc, les actes entrepris pour socialiser l'individu sont d'emblée des actes d'une portée profonde qui s'enracinent solidement dans l'âme populaire. « La socialisation de la biologie de l'Homme pénètre toute sa vie. »[149] Comme dans la logique paradoxale, s'en débarrasser n'est pas synonyme d'anéantissement, la délinquance sera une matière d'observation pour des lieux de socialisation comme l'Université, la communauté internationale, etc., qui en auront besoin pour la production d'un type de valeur. Mais, aucune société n'a intérêt à poursuivre un but qui ferait échouer un seul de ses lieux de socialisation. Ce serait provoquer une érosion mentale qui rongerait la conscience du citoyen et qui la préparerait à accepter des catastrophes humaines mettant en péril l'intégrité du territoire. Cependant, deux phénomènes peuvent en être responsables : l'incapacité des élites dirigeantes au niveau des classes sociales et la complicité de puissances conquérantes. Qu'on le veuille ou non, ce qui compte, c'est la capacité des élites dirigeantes de chaque société. Grâce à elle une société peut se défaire de n'importe quel type de complot, tramé de l'intérieur comme de l'extérieur. Il faut noter que paradoxalement pour l'équilibre social tous les lieux de socialisation doivent remplir leur fonction avec efficacité. La faiblesse de l'un provoque le dysfonctionnement de l'ensemble des institutions du système social dans lequel ils sont impliqués en tant qu'acteurs ; vu le rôle qu'ils ont à jouer dans l'élaboration d'une idéologie du respect,

---

[149] N. Doubinine, op.cit., p.30.

dans l'invention de mythes pour pouvoir d'abord dynamiser la participation communautaire et citoyenne et ensuite pour pouvoir imposer un modèle de comportement valorisant la modération, la reconnaissance des qualités d'autrui, l'esprit d'entreprise et la productivité dans le sens d'un développement durable. Institutions forces et institutions auxiliaires jouent, spécifiquement, le rôle d'institutions d'ensemble pour avoir regroupé les six grandes fonctions qui, dans toute société, font office de fonctions institutionnalisées, lesquelles sont à la base du changement social. Ce dernier devient alors le fruit du mode de manipulation, par les élites dirigeantes des lieux de socialisation qui, pour être efficacement opérationnels, sont classés en six institutions au regard de leurs fonctions propres. Il s'agit de la deuxième classification découlant de l'interdépendance des fonctions et qui comporte : a) *l'institution de production des valeurs* (Inproduv) ; b) *l'institution de promotion des valeurs* (Inpromov) *;* c) *l'institution de transmission des valeurs* (I.T.V.) *;* d) *l'institution de contrôle des valeurs* (I.C.V.) ; e) *l'institution de régulation des valeurs* (I.R.V.) *et* f) *l'institution de contrainte au respect des valeurs* (I.C.R.V.*).* Le tableau 4.1 permet d'avoir une vue d'ensemble sur la composante de ces six institutions. Chacune de ces institutions est un mécanisme d'interdépendance, entre les lieux de socialisation et leurs fonctions ; ou les fonctions auxquelles ils y adhèrent. Le tableau 4.1 est une tentative d'explication de l'imbrication des lieux de socialisation au regard des fonctions relatives aux valeurs. Prenons-en connaissance.

Tableau 4.1. — Fonction, coefficients de socialisation (C.S) et d'imbrication (C.I) des lieux de socialisation (L.S)

	FONCTION[150]						
L.S	**Produv**	**Promov**	**T.V**	**C. V**	**R.V**	**C. R.V**	**C.I**
Classes sociales	X						1/6
Religion	X				X		2/6
Classe politique	X						1/6
Université	X	X	X	X		X	5/6
Co. de métier*	X	X					2/6

[150] Lisez fonction de : production de valeurs (Produv), promotion des valeurs (Promov), transmission des valeurs (T.V), contrôle valeurs (C.V), régulation des valeurs (R.V), contrôle au respect des valeurs (C.R.V)

	FONCTION[150]						
L.S	**Produv**	**Promov**	**T.V**	**C. V**	**R.V**	**C. R.V**	**C.I**
As.artistique**	X	X	X				**3/6**
Org. sportives	X	X	X			X	**4/6**
Presse	X	X	X	X		X	**5/6**
Diaspora	X	X	X				**3/6**
École		X	X				**2/6**
Famille		X	X				**2/6**
Églises & sectes		X	X			X	**3/6**
Part. politiques		X	X			X	**3/6**
Syndicat				X		X	**2/6**
O.D.H***				X		X	**2/6**
État					X	X	**2/6**
Présidence					X		**1/6**
Gouvernement					X		**1/6**
Législatif					X		**1/6**
Judiciaire					X		**1/6**
Coll. territorial					X		**1/6**
Communauté internationale	X				X	X	**3/6**
Tribunal						X	**1/6**
Police						X	**1/6**
Armée						X	**1/6**
Représentation Diplomatique		X	X	X	X	X	**5/6**
C.S	**26/10**	**26/11**	**26/10**	**26/5**	**26/9**	**26/13**	

Source : Tableau élaboré à partir d'une réflexion sur le civisme en février 2005[151]
* Co. (Corporation) ; **As. (Association) ; *** O.D.H. (organisations droits de l'Homme)

4.2.2.1. — Les institutions et leurs lieux de socialisation

À travers ce sous-titre, il est proposé un mode de lecture du tableau 4.1 avec ses lieux et ses fonctions. En effet, le tableau 4.1 permet d'approcher plus clairement la deuxième classification des lieux de socialisation qui se regroupent en six institutions. Ces dernières sont présentées par rapport à la logique de la première classification, tantôt évoquée, à savoir : les institutions forces et auxiliaires, dont les six autres ne sont que des sous-ensembles de l'institution qu'est la société à proprement parler.

[151] T. Direny, février 2005. *Du civisme pour un développement durable (ébauche de réflexion pour des États généraux sur le civisme)*, Document produit à l'intention de la SEJSEC, p.15.

En observant le tableau, on distingue les coefficients de socialisation et d'imbrication. Les deux traduisent le rapport entre tous les lieux de socialisation et les fonctions.

Le premier, détermine le nombre de lieux de socialisation qui se rapportent à une fonction et constitue l'institution en question. Par exemple : dix (10) lieux de socialisation sur vingt-six (26) forment l'institution de production des valeurs de la société humaine ou du territoire ; onze, l'institution de promotion des valeurs ; dix, l'institution de transmission des valeurs ; cinq, l'institution de contrôle des valeurs ; neuf, l'institution de régulation des valeurs et treize lieux de socialisation sur vingt et six forment l'institution de contrainte au respect des valeurs.

Le second permet de comprendre combien de fonctions un seul et même lieu de socialisation peut remplir : sa transversalité. Par exemple, les classes sociales comme instance ou lieu de socialisation ne remplissent qu'une seule fonction sur six, la famille remplit deux, l'Université cinq, le gouvernement un, des organisations sportives quatre, les églises et les sectes trois...

La force d'un lieu de socialisation réside à la fois dans sa (ou ses) fonction(s) intrinsèque(s) et sa transversalité. Toutes les fonctions sont importantes. Mais il faut se demander : en quoi consisterait l'importance des autres fonctions, sans la fonction de production ? Tout comme sans les autres fonctions quelle aurait été la *valeur des valeurs* produites ? L'interdépendance des fonctions, via les lieux de socialisation, assure l'opérationnalité du système social. Ce qui n'exclut pas la forte dépendance de certains lieux par rapport à d'autres lieux.

La multifonctionnalité (la transversalité) d'un lieu exprime le lien de dépendance de ce lieu par rapport aux fonctions et aussi par rapport à d'autres lieux, puisque l'interdépendance des lieux constitue un réseau de translation inter fonctionnel ; réseau qui participe à la cohésion et au construit sociaux et qui est l'essence même de l'institution en question. En effet, les lieux concourent entre eux dans l'unicité ou la formation de l'institution. Un raisonnement par l'absurde peut amener à penser que les dix lieux qui forment l'institution de production des valeurs sont égaux à un (10 = 1), c'est-à-dire indispensables, entre eux. Donc, le nombre de fois qu'un lieu de socialisation de cette institution peut influencer l'effet de socialisation de cette même institution est 10. Ce qui amène à un calcul de partage simple : (26/10 = 2,6). Alors, 2,6 serait le coefficient de socialisation de l'institution de production des valeurs et de tous les lieux qui la composent. Par contre, la transversalité d'un lieu amène cette fois à penser, sinon à observer, que les lieux sont distincts. Au lieu d'être exclusivement approprié à l'exercice d'une fonction, un lieu de socialisation peut épouser la configuration de plusieurs fonctions ; ce qui le met dans une situation d'interaction. D'où un simple raisonnement : *plus la transversalité d'un lieu est grande plus son coefficient d'imbrication est grande.* Raisonnement simple qui amène à un calcul simple : coefficient d'imbrication (CI) = transversalité ou nombre de fonctions épousées par le lieu (T) sur nombre de fonctions à épouser (N). Par exemple, se référant au tableau 4.1, le lieu de socialisation *famille* a pour transitivité (T)=2. Or, le nombre de fonctions à épouser (N)= 6 ; cela implique que CI = 2/6 est ou en effectuant le calcul : CI = 0,33.

4.2.2.2. — Pour un indice de socialisation des institutions

Ici, c'est une invitation – aux spécialistes de la sociométrie, des statistiques, des mathématiques, etc. – à prendre en considération l'implication des lieux de socialisation dans le construit (social) et leur donner une mesure qui pourra être applicable dans le cadre du développement durable d'une société. Tel est notre vœu. L'indice de socialisation faciliterait, à notre avis, de réaliser, *a fortiori*, le calcul d'impact d'une institution de socialisation à chaque fois qu'une ou plusieurs de ses composantes se trouveraient impliquées dans le processus de socialisation de l'individu à des fins de devenir citoyen. Il éclairerait en ce sens le concepteur et/ou le planificateur sur le nécessaire et l'indispensable. Toute la géo prospective du territoire et du citoyen s'en servirait pour renforcer la capacité des institutions et dynamiser le développement social.

Cela permettrait d'évaluer le niveau de civisme d'une société à travers ses effets tant tolérables que pervers. Ce qui permettrait, aussi de mesurer la tendance au banditisme social d'un État et les risques de débordement extraterritoriaux d'un tel comportement. Alors, en guise de prévention, la communauté internationale pourrait déjà poser des balises contre la montée de la délinquance d'un État ; et ainsi, aider les peuples, à s'affranchir de la mauvaise gouvernance de leurs élites dirigeantes. Nous pensons avoir fourni beaucoup de pistes pour camper les indicateurs d'évaluation d'un tel indice.

Disons, en paraphrasant une fois de plus Montesquieu, que nous laissons aux critiques le droit d'interpréter, voire, d'améliorer notre approche, car « il ne s'agit pas de faire lire, mais de faire penser. » (1979, 326)

4.2.2.3. — La nature spécifique des institutions

a). — L'institution de production des valeurs

Elle est une des institutions forces. Elle est la première des institutions forces. Elle est composée de dix lieux de socialisation (voir tableau 4.1). Sa fonction de production amène tous ces lieux à faire un travail de transformation de la matière pour arriver à l'invention, l'innovation sinon la création de valeurs qui peuvent être d'ordre économique et financier, moral, politique, scientifique, artisanal, dix (les (10) artistique, sportif, scriptural et cinématographique, patriotique, universel, etc. Aucune société ne peut prétendre s'assurer d'un développement total sans ses valeurs, lesquelles sont censées être les éléments d'enracinement du territoire et des espaces de refuge ou d'identité pour le citoyen.

b). — L'institution de régulation des valeurs

Elle est la deuxième des institutions forces. Elle est composée de neuf lieux de socialisation (voir tableau 4.1). Les neuf (9) lieux apportent le correctif nécessaire aux valeurs produites. C'est l'institution responsable de l'évolution sociale, de l'originalité créative, et de la prospective territoriale. Elle est l'institution « garde-fous » dans le sens qu'elle place les balises pour empêcher toute forme de dévalorisation sociale.

c). — L'institution de contrainte au respect des valeurs

Elle est la troisième des institutions forces. Elle est composée de treize lieux de socialisation (voir tableau 4.1). Les treize (13) lieux forment un organe de pression pour endiguer la société, l'individu et le citoyen vers tous les principes de base de la solidarité et de l'interaction en vue d'éviter non seulement la banalisation des valeurs, mais aussi la dérive sociale. Elle est l'institution gardienne des violences physiques et symboliques, et elle est directement responsable de l'intégrité du territoire.

D). — L'institution de promotion des valeurs

Elle est la première des institutions auxiliaires. Elle est composée de onze lieux de socialisation (voir tableau 4.1). Les onze (11) lieux concourent à présenter le symbolisme des valeurs. C'est l'institution de « marketing » qui fait rêver en préparant le citoyen pour tout type de marché où se déroulent des opérations d'échange ou d'affrontement. C'est à travers l'institution de promotion des valeurs que la meilleure image du territoire est vendue tant aux citoyens natifs qu'aux citoyens du monde extérieur. Elle est tantôt un instrument de propagande, tantôt un instrument informatif. Quand elle remplit le premier rôle, elle conduit au chauvinisme qui est une forme excessive de nationalisme. Elle est aussi l'institution chargée d'évaluer auprès du peuple le degré d'absorption des valeurs produites qui peuvent être soit trop en avance sur le temps, soit inadaptées à la réalité. À ce niveau, elle laisse le champ d'intervention libre à l'institution de transmission des valeurs.

e). — L'institution de transmission des valeurs

Elle est la deuxième des institutions auxiliaires. Elle regroupe dix lieux de socialisation (voir tableau 4.1). Elle est l'institution par excellence de la socialisation dans le sens où tous les lieux de socialisation afférents ont pour finalité de dresser la conscience, de la dompter, de lui donner une direction ; c'est-à-dire une marche à suivre, des méthodes de manipulation ou d'utilisation et de création des valeurs, une mise en pratique. C'est l'institution de consolidation des valeurs toutes catégories confondues. Elle assure le contact direct avec l'Homme et le citoyen. Elle est l'institution pont qui facilite le passage du biologique au social, du naturel au culturel. Elle est l'instrument d'adaptation qui fait transcender le réel social à la réalité sociologique. Jürgen Habermas, est d'avis que : « Il existerait une forme sociale de transmission de l'héritage historique de l'humanité. Déjà, T. Morgan indiquait que l'Homme avait deux processus d'hérédité : l'un repose sur l'ininterruption matérielle (cellules sexuelles), l'autre se réalise par la transmission de l'expérience d'une génération à l'autre par le biais de l'exemple, du langage et de l'écriture. »[152] Dans le jeu de l'interdépendance elle est l'institution la plus dépendante parce que la plus fragile ou la plus dangereuse en raison du fait qu'elle agit directement sur la conscience.

Normalement, elle devrait être considérée comme l'institution de relais à l'institution de production des valeurs. Car, sans elle, les valeurs seraient produites juste pour le plaisir de la production sans une finalité propre. Donc, la fonction de transmission dépend de l'existence des valeurs, de l'identification de ces valeurs et de leur degré d'absorption. C'est ce dernier qui lui dictera les procédures de transmission : faut-il ou ne faut-il pas les transmettre ? Si oui à quel moment, comment et à quelle catégorie de la population ? Si non pourquoi et que doit-on faire ? La possibilité de transmettre une valeur signifie que la valeur en question a réussi le test d'évaluation du degré d'absorption. Dès lors, ont droit de cité : les institutions de contrôle, de régulation et de contrainte au respect des valeurs.

[152] J. Habermas, *op.cit.*, p.19.

f). — L'institution de contrôle des valeurs

Elle est la troisième des institutions auxiliaires. Elle comprend cinq lieux de socialisation (voir tableau 4.1). Elle est l'institution d'évaluation qualitative des valeurs produites. Donc, c'est l'institution de remise en question du mode de production et des moyens de production. Elle est aussi l'« institution-conseil » des méthodes à utiliser pour la production des valeurs.

En conclusion, la typologie présentée est subjective ; subjective parce qu'il s'agit d'un essai d'interprétation sinon d'une classification qui peut se révéler incomplète. Mais dans la réalité, selon les sociétés et selon les conjonctures, toutes ces institutions existent et fonctionnent toujours en étroite interaction avec des nuances d'articulation ou de désarticulation. C'est pour dire que la subjectivité est de toute façon partie prenante de la démarche qui cherche à donner corps au concept *civisme* inscrit dans le paradoxe de l'antériorité/postériorité entre le citoyen et la société que l'on veut situer par rapport à la responsabilité de la grandeur ou de la décadence d'une société ou d'un territoire. Qui en est le premier responsable : la société ou le citoyen ?

En toute objectivité, ce champ de vision demande à être approfondi pour apporter une mesure à la dimension socialisante du civisme.

4.3. — les espaces d'impact des lieux de socialisation

Un lieu de socialisation est incapable à lui seul de faire intérioriser, par l'individu, les valeurs produites par le corpus social. Il est concouru au besoin, au besoin par d'autres lieux de socialisation qui, de façon distincte, ont leur fonction dans la fabrication de l'âme populaire que tous les citoyens d'un même territoire considèrent comme étant leur âme propre. Il va sans dire que ces lieux, non font seulement cultiver la solidarité interindividuelle et inter citoyenne, mais aussi la renforcent à chaque fois que le territoire – cet intérêt commun : l'espace d'implantation du citoyen – doit se faire valoir face à une quelconque réalité par exemple les Jeux olympiques, la Coupe du monde de football ou tout autre phénomène mettant en compétition ou confrontation la productivité sociale et/ou territoriale.

Tout peuple et toute nation sont évalués sur la base de *cette compétitivité productive* fonction de l'engagement des élites dirigeantes par rapport au mode de manipulation des lieux de socialisation. Pour ainsi dire, tout phénomène social et/ou territorial a son espace propre de compétitivité ou de confrontation.

Quand les élites dirigeantes créent des opportunités au fonctionnement de tels espaces sur leur territoire, elles donnent naissance à des espaces qui jouent un rôle de laboratoire pour l'expérimentation de leurs capacités à socialiser l'Homme. Par contre, quand ces espaces existent ailleurs, c'est-à-dire quand ils sont extra territoriaux, ils deviennent des espaces de mise en valeur où chaque société trouve l'opportunité de projeter au monde entier l'état d'esprit de ses élites dirigeantes au regard du mode de socialisation de l'Homme en général, de la définition du citoyen en particulier et du mode de traitement qu'elle réserve à ses citoyens.

La guerre est l'une de ces réalités sociales qui exigent la plus forte solidarité possible inter citoyen pour affronter l'ennemi commun et qui fait intervenir le « *champ de bataille* » en tant qu'espace de confrontation des armées où l'art militaire permet d'évaluer l'efficacité des lieux de socialisation, le degré de sentiment d'appartenance ou d'attachement des élites dirigeantes au territoire, la conception des élites dirigeantes en matière d'intégrité du territoire et la capacité d'une nation à pouvoir se protéger contre l'agressivité hégémonique sous une forme ou sous une autre.

Paradoxalement, la recherche de la paix se réalise sur les foulées de la guerre. Les *représentations diplomatiques* sont non seulement, une partie de la grandeur réelle du territoire, par rapport aux actions menées en faveur de la diaspora, mais surtout, l'espace de confrontation des sociétés belliqueuses ; un espace de pourparlers entre des interlocuteurs qui ne seront pas prêts à faire la paix si des d'aucun côté la force de feu de l'un n'inspire pas le spectre de l'anéantissement de l'autre. Beaucoup de gens traiteront ces propos de méchants et l'on en conviendra. Mais, disons les choses crûment : « sitôt que les Hommes sont en société (...), l'égalité qui était entre eux cesse, et l'état de guerre commence.

« Chaque société particulière vient à sentir sa force ; ce qui produit un état de guerre entre nations et nations. [...] l'objet de la guerre c'est la victoire ; celui de la victoire, la conquête ; celui de la conquête, la conservation. »[153]

Existe-t-il une seule société, où les Hommes ne sont pas prêts à guerroyer pour ne pas se laisser exproprier et déraciner de leur territoire dans le cadre d'une conquête ? Ces individus d'une pareille société n'ont jamais existé même dans la société préhistorique. Dans « la société primitive, écrit P. Clastres, la figure de l'autre est d'abord la figure de l'étranger, c'est-à-dire de l'ennemi potentiel, ce qui inscrit d'avance la violence dans l'être social primitif. La guerre est donc une structure de cette société sans être l'échec accidentel d'un échange manqué. C'est en outre parce qu'elle a des ennemis au moins potentiels que la société primitive a besoin d'alliés, mais les alliances se nouent dans la méfiance réciproque la guerre étant première par rapport à l'alliance et c'est souvent à contrecœur qu'on entre dans cette dernière. »[154] La guerre est donc matière à caractère de nuisance suffisante. Pour N. Machiavel, il est recommandé de se l'approprier, même en temps de paix, pour pouvoir préparer la défense du territoire et pour pouvoir s'en débarrasser. Selon ses idées, c'est grâce à cette attitude que sur le terrain de la diplomatie les élites dirigeantes peuvent faire la démonstration de la grandeur d'âme de leur peuple et de la grandeur sociale de leur territoire. Donc, les élites doivent pouvoir transformer cette nuisance de la guerre en honneur pour l'ensemble du territoire. Les pourparlers dans les relations diplomatiques ne peuvent se dérouler en marge de cette idéologie qu'il a ainsi formulée : « Tout prince qui est sans

[153] Montesquieu, *De l'esprit des lois*. Paris, 1979, Garnier Flammarion, p.127.

[154] J. Rémy et L. Voyé, 1981. *Ville ordre et violence (Formes spatiales et transaction sociale)*. Paris : PUF, p.172.

défense est exposé au mépris [...] la raison même semble désapprouver qu'un Homme en armes obéisse de bon gré à celui qui est désarmé [...] que jamais un prince ne néglige l'art de la guerre, et qu'il s'y applique même plus fortement en temps de paix, ce qu'il peut faire de deux manières : par la théorie et par la pratique. »[155]

Le civisme n'est pas à l'antipode de la problématique de la guerre. D'ailleurs, la guerre est la grande ligne de démarcation entre civisme et civilité. Leur finalité est totalement différente. Si le civisme vise une mise en garde à l'inviolabilité du territoire, ou à tout ce qui peut attiser la haine et l'antagonisme intra ou inter société, la civilité vise toute entreprise de paix et de convivialité intra ou inter société. La civilité s'appuie beaucoup plus sur la morale, pendant que le civisme va recourir à la sauvegarde des intérêts collectifs territoriaux pour la dignité, l'honneur et la gloire des autochtones ou des natifs.

La notion de territorialité, pour ainsi dire, participe à la dynamique de l'existence humaine par les interactions qu'elle engendre. Ces interactions visent la défense d'un intérêt collectif, d'un bien-être nécessaire à la survie d'un peuple. Pour J. Rémy et L. Voyé, cette notion « renvoie toujours à la manière dont les activités s'ordonnent et se structurent dans l'espace et dans le temps, ce qui suppose que les activités qui fondent la construction d'identités et de conflits ne se distribuent pas au hasard dans l'espace et le temps et que des repères sont nécessaires pour identifier les solidarités, les différences et les oppositions, et pour organiser les bases à partir desquelles le conflit ou l'agression s'engage et ce vers quoi il se dirige. La territorialité apparaît ainsi comme étant un instrument conceptuel qui permet l'inter relation des comportements dans leur manière de se dérouler dans un contexte d'espace et de temps. »[156] Suivant cette logique, la territorialité serait un construit social, une idéologie, une valeur, un signifié qui trouve toute sa signification dans le mode de vie du citoyen. En tant que telle, elle est transmise au peuple au moyen de certaines institutions sociales qui donnent la confiance aux citoyens dans l'intégrité du territoire. Les lieux

---

[155] N. Machiavel, *op. cit.* pp.70-71.
[156] J. Rémy et L. Voyé, *op.cit.,* p.143.

de socialisation, à ce propos, sont les seuls et uniques à faire naître cette confiance et font susciter la solidarité des citoyens à participer à toutes les actions capables de vendre ou de projeter la meilleure image du territoire.

Parlant de l'image du territoire il faut évoquer le mode de participation du citoyen dans les décisions qui concernent l'avenir du territoire : gouvernance, éducation, croissance économique, etc. La plupart du temps, tout ceci fait appel à un projet politique que le citoyen aura à cautionner par le vote, dans la mesure où le territoire est une république, c'est-à-dire, qu'il est soumis à une démocratie. Dans un pareil cas, on se réfère aux élections ; et à leur espace de compétitivité ou de confrontation qui est, naturellement, la ou les *circonscriptions électorales*. Cet espace, c'est l'espace de confrontation idéologique et de programme des partis. Il permet d'évaluer le seuil de tolérance inter citoyen et de là, également, l'efficacité des lieux de socialisation qui se mesure dans l'esprit de concession pour sauver le territoire d'une guerre civile ou d'un conflit armé qui peut découler de la passion ou du fanatisme engendré par les partis politiques. La civilité s'explique ici par la maîtrise de soi et la capacité de tout un chacun de reconnaître en l'autre son frère, une partie de lui-même sans laquelle il lui serait très difficile de continuer à vivre. C'est du sentimental ! Mais nécessaire, voire indispensable pour renforcer le compromis, la solidarité inter-citoyens, la conviction d'être citoyen et le sentiment d'appartenance dont seul le civisme permet de cultiver. Aussi, l'espace de confrontation créé par les élections est-il l'espace de cohabitation du civisme et de la civilité. Cette dernière par contre est un dérivé du civisme à l'instar du patriotisme, du nationalisme et du conformisme qui sont tous des formes de manifestation du civisme ; des types de comportement acquis par l'éducation civique et le service civique et véhiculés par les lieux de socialisation.

4.4. — Les outils d'opérationnalité du civisme

L'instruction civique, l'éducation civique et le service civique participent tous à l'éducation ; aux conduites responsables du citoyen et constituent tous les tuyaux d'écoulement du civisme vers le citoyen. Les élites dirigeantes y font couler toutes les valeurs produites par les lieux de socialisation en guise d'idéologie dominante qui sous-tend la conscience collective dans toutes ses actions. Cependant, ils sont contraires dans leur finalité quoiqu'ils soient communément caractérisés par une force de contrainte. D'où vient cette différence ?

4.4.1. — L'instruction civique

L'instruction civique est une étape dans l'éducation formelle du genre humain dont l'âge varie entre l'enfance et l'adolescence. Puisqu'il est plus proche du biologique – c'est-à-dire de nature vierge dans le sens d'un esprit errant – la société juge opportun de dompter l'esprit progressivement et en douceur de peur de fragiliser le mental de l'individu par rapport aux charges complexes que sont les préjugés de castes et de classes qui pèsent lourdement dans la balance de son héritage historique. Ainsi, l'instruction civique procède-t-elle à la socialisation de l'individu *via* la scolarisation ; les symbolismes du territoire, de la patrie et de la nation. Sommairement, la société le fait intérioriser ces symbolismes pour qu'il puisse déjà choisir à se mettre dans la peau de ses aïeux qui lui ont légué au patrimoine historique. C'est pourquoi l'école reste le médium privilégié dans l'accomplissement de cette tâche qui implique les premières notions d'une fraternité élargie que l'on lui apprend à cultiver tout en s'inspirant de l'emblème national, de l'hymne national et de la devise nationale. Tout ceci fait partie du texte fondateur de la nation ou de l'État qui personnifie l'existence de la souveraineté du territoire et le mode d'organisation sociopolitique, voire le mode d'organisation religieux. Ce texte fondateur définit aussi la solidarité, la convivialité et les procédures pour accéder aux services et affaires publics.

Un territoire où les élites dirigeantes font peu de cas de la scolarisation des jeunes perd la possibilité de voir tous ses citoyens instruits civiquement. Dans ce contexte, les services et affaires publics laisseraient à désirer au niveau des prestataires. Les consommateurs ou les citoyens auront à en pâtir. On confond souvent l'instruction civique et l'éducation civique. En effet, elles ont des points communs de par leurs contenus, mais sont différentes de par leurs portées et leurs finalités. Le citoyen non scolarisé aura une carence civique étant donné qu'il n'a pas pu bénéficier de l'instruction civique, mais il sera éduqué civiquement vu que le curriculum de l'éducation civique participe à son vécu quotidien et qu'il est transmis à la fois par l'ensemble des lieux de socialisation. Des États, qui n'ont pas vu naître et grandir un individu, croient qu'il est nécessaire de donner à cet individu des cours d'instruction civique au cas où il désirerait adopter la nationalité de leur État. À titre d'exemple, prenons le Luxembourg : « la loi du 23 octobre 2008 sur la nationalité luxembourgeoise prévoit des cours d'instruction civique pour les candidats à la naturalisation. Sont dispensées de fréquenter les cours d'instruction civique les personnes : 1) qui ont fréquenté pendant au moins 7 années une école publique au Luxembourg ou une école privée, qui applique les programmes d'enseignement public luxembourgeois, ou 2) qui résident légalement et continuellement, depuis au moins l'année 1984, au Luxembourg. [...] Il n'y a pas de test à la fin des cours. Un certificat de participation aux cours est remis aux intéressés. »[157] Voilà qui permet d'apprécier la portée voire la finalité de l'instruction civique. En conséquence, plus le taux de scolarisation des jeunes d'une nation est faible moins ses citoyens sont civiquement instruits, plus les services et affaires publics ne sont pas efficaces, plus les citoyens sont vulnérables à la corruption et à l'escroquerie et plus il sera difficile à cet État d'éduquer civiquement ses citoyens.

4.4.2. — L'éducation civique

L'éducation civique est un calque de la réalité sociale. Elle ne va pas à l'encontre des finalités de l'éducation scolaire ; qui catégorise l'Homme suivant : l'âge, les préjugés de castes et de classes pour le socialiser. Mais par rapport à celle-ci, elle procède

[157] « *Le droit de la nationalité luxembourgeoise* », 10 octobre 2009 (http://www.mj.public.lu/législation/nationalité/droit_natinalité_2009_3.pdf)

d'une tout autre manière. Serait-il exagéré de croire que l'éducation civique ait été inventée pour corriger les tares de l'éducation scolaire ; tares qui puisent leurs origines dans les inégalités que la nature même semble inspirer aux Hommes ? « En effet, il est aisé de voir qu'entre les différences qui distinguent les Hommes, plusieurs passent pour naturelles, sont uniquement l'ouvrage de l'habitude et des divers genres de vie que les Hommes adoptent dans la société [...] Il en est de même des forces de l'esprit et non seulement l'éducation met de la différence entre les esprits cultivés et ceux qui ne le sont pas, mais elle augmente celle qui se trouve entre les premiers à proportion de la culture ; chaque pas qu'ils feront l'un et l'autre donnera un nouvel avantage au géant. Or, si l'on compare la diversité prodigieuse d'éducation et de genres de vie qui règne dans les différents ordres de l'état civil, avec la simplicité et l'uniformité de la vie animale et sauvage, où tous se nourrissent des mêmes aliments, vivent de la même manière et sont exactement les mêmes choses, on comprendra combien la différence d'Homme à Homme doit être moindre dans l'état de nature que dans celui de la société, et combien l'inégalité naturelle doit augmenter dans l'espèce humaine par l'inégalité d'institution. »[158]

Si l'éducation scolaire part du collectif pour arriver à l'individuel, l'éducation civique par de l'individuel pour arriver au collectif. C'est pourquoi le résultat de celui-ci est un résultat de masse contrairement à l'éducation scolaire qui cherche à aboutir à un résultat discriminatoire[159] et stratifié : premier, deuxième, troisième, etc. En conséquence, l'approche scolaire se fait à partir de l'individualisme méthodologique contrairement à l'approche civique qui est une approche holiste. Deux Hommes dans un seul et même être social : le citoyen. C'est à cela qu'aboutissent les deux éducations. Cependant, l'Homme peut devenir citoyen en recevant seulement l'éducation civique. Lors il est une victime de sa société qui le relègue au rang des exploités de l'échelle sociale. Il n'est pas un citoyen intégral à la vue de son ignorance qui le prive d'une certaine faculté d'observation et d'action. Ce qui, naturellement,

---

[158] J-J. Rousseau, pp.50-51

[159] Une discrimination positive bien sûr.

varie avec le mode de gouvernance choisi par les élites dirigeantes. Selon Montesquieu : « Les lois de l'éducation sont les premières que nous recevons. Et, comme elles nous préparent à être citoyens, chaque famille particulière doit être gouvernée sur le plan de la grande famille qui les comprend toutes [...] les lois de l'éducation seront donc différentes dans chaque espèce de gouvernement. Dans les monarchies, elles auront pour objet l'honneur ; dans les républiques, la vertu ; dans le despotisme, la crainte. »[160]

Alors, quelle perception doit-on avoir de l'éducation civique qui commence, voire poursuit la socialisation de l'Homme là où les éducations familiales et scolaires font défaut ?

Il faut dire d'abord que l'éducation civique est une sorte de *curriculum* conçu et adapté au processus de formation du citoyen. Les institutions de promotion et de transmission des valeurs la sollicitent pour imprégner l'Homme d'une attitude déterminée suivant les besoins de la société qui peuvent être des besoins à court, moyen et long terme. L'éducation civique peut être formelle et informelle. Mais surtout informelle parce qu'elle incite à des actions qui frisent (fort souvent) avec la passion, l'oubli de sa personne comme si l'individu était emporté, par on ne sait quoi, à atteindre un but qui, dans l'ordre normal des choses, serait impensable. Ce n'est pas sans raison qu'on confond souvent avec les expressions : « mobilisation » et « sensibilisation » qui en fait sont des modes différents de communication de masse utilisés par les groupes de pression, les leaders d'opinion, les partis politiques et les stratèges. Par sa capacité de massification, l'éducation civique est l'arme privilégiée pour forger l'esprit collectif, le préparer à exécuter des actes soit de destruction soit de construction.

Le contrôle social, la propagande, la rumeur, la publicité sont des éléments moteurs qui servent à mobiliser et sensibiliser et qui sont manipulés par l'institution de contraintes au respect des valeurs, *via* certains lieux de socialisation, pour arriver aux finalités qui leur sont assignées par la société ou par les élites

---

[160] Montesquieu, *op.cit.* p.55.

dirigeantes. D'autres lieux de cette même institution, en lieu et place de ces éléments, manipulent la violence physique pour endiguer l'esprit vers le sens indiqué par la mobilisation et/ou la sensibilisation. Tout un travail de complémentarité se réalise entre ces lieux pour faire intérioriser l'importance de l'ordre social en place et du respect de l'ordre social. C'est ce qui explique qu'ils partagent entre eux la violence sous ses différentes formes. Ainsi, l'éducation civique fait référence à la « violence symbolique. »

« Si, comme toute violence, celle-ci suppose un rapport de domination et de contrainte, sa qualification de symbolique signifie qu'il s'agit d'une violence ne passant pas par l'exercice d'une force physique, mais bien d'une violence agissant généralement à partir du consensus implicite qu'apportent ceux qui y sont soumis ; ce consensus découle lui-même du processus de socialisation lequel conduit à considérer comme normales, voire comme naturelles des situations qui sont, en fait, des constructions sociales. Sans être d'ordre physique, la violence symbolique a, elle aussi, pour effet d'imposer une possibilité et d'exclure les autres, en ce sens que seule la possibilité retenue est proposée socialement comme allant de soi et comme valable. »[161]

J. Rémy et L. Voyé – en partant du concept de violence symbolique (qu'ils empruntent à P. Bourdieu, S*ur le pouvoir symbolique*, *in* Annales, mai-juin 1977, pp.405-411) – arrivent à construire la signification sociologique du concept de violence pour montrer que l'imposition arbitraire de l'intériorisation de l'ordre social est nécessaire, car elle est une condition préalable à tout échange social qui suppose un accord sur certaines priorités à poursuivre et une relative prévisibilité du comportement des autres.[162]

Les éducations scolaire et civique, en produisant le citoyen, produisent une valeur, et pas des moindres : une valeur génératrice de valeurs. Cependant, ce générateur ne pourra à lui seul prendre conscience de sa capacité s'il n'est pas mis à l'épreuve.

---

[161] J. Rémy et L. Voyé, *op. cit.* p.21.
[162] *Ibid.*, p.22.

4.4.3. — Le service civique

Le service civique est le champ d'expérimentation ou de mise à l'épreuve du citoyen. Ce dernier ne s'y rend pas de son propre gré. Il y est contraint. C'est une initiative de la société qui, à un moment de son processus de socialisation, croit nécessaire d'engager le jeune citoyen sur la voie de l'insertion pour pouvoir l'évaluer en tant que produit et prévoir, en même temps, si à l'avenir il pourra participer à la reproduction de l'ordre social. C'est la plateforme de transition intergénérationnelle où les institutions de régulation et de contrôle des valeurs s'acharnent à parfaire ce produit en guise de référence ou de modèle à adopter. En ce sens, il est aussi l'espace d'orientation du citoyen, car si celui-ci est incapable de subir l'épreuve il est reconverti en une autre forme de valeur. Car du jeune citoyen la société attend l'originalité dans toutes les sphères de la production des valeurs. Tous les lieux de socialisation, composant l'institution de production des valeurs, exploitent cet espace. Dans le langage courant, on parle de stage ou de service social pour désigner cet espace, qui est une greffe des espaces, de compétitivité ou de confrontation, internes à un territoire et à sa société ; ou pour désigner des espaces, de même type, externes à ce territoire. C'est la galerie, ou la grande vitrine de la société pour le vernissage de ses valeurs. Le jeune citoyen, une fois franchit le cap du service civique est prêt à poser des actes civiques qui sont les différentes manifestations du civisme.

Mais tout ceci va avec les finalités de l'éducation civique ou de l'éducation qui est en retour d'une manière générale, une variable de la gouvernance. Ce qui signifie que cet espace peut être situé partout suivant la conception des élites dirigeantes de la gestion de l'être social, et de l'espace social au regard de l'ensemble des phénomènes économiques et politiques. C'est pour dire que même le déviant dans cet espace socialisant a fait son stage et est reconnu comme tel. Il est le fruit de l'éducation d'un mode de pensée qui a favorisé un mode de stage et qui fait de lui ce qu'il est. Son titre aurait été tout autre, si la société qui l'a conçu l'avait produit d'une tout autre manière. C'est peut-être ce que J-J. Rousseau a voulu faire comprendre quand il a écrit : « Quelque penchant qu'on ait vers le vice il est difficile qu'une éducation dont le cœur se mêle reste perdue pour toujours. »[163]

Cette pensée de Rousseau synthétise l'analyse de Montesquieu sur les différents types d'éducations qui donnent naissance à différents types de citoyens à partir des formes différentes de gouvernements : monarchie, despotique, république.

Dans les monarchies, l'éducation ne travaille qu'à élever le cœur. [...] L'honneur se mêlant partout entre dans toutes les façons de penser et toutes les manières de sentir et il dirige même les principes.

Dans le gouvernement despotique, l'éducation ne cherche qu'à abaisser le cœur. [...] L'extrême obéissance, dans celui qui obéit, suppose de l'ignorance ; elle en suppose même dans celui qui commande. Il n'a point à délibérer, à douter, ni à raisonner ; il n'a qu'à vouloir.

Dans *La République*, l'éducation conduit à la vertu politique qui est l'amour des lois et de la patrie et qui exige une préférence continuelle de l'intérêt public au sien propre et c'est à l'inspirer que l'éducation doit être attentive. Cet amour est singulièrement lié aux démocraties. Elles seules confèrent le gouvernement aux citoyens. Dans elles seules, le gouvernement est confié à chaque citoyen.[164]

En fait, Le service civique c'est l'essai de la mise en pratique des acquis ; obtenus par l'éducation civique, qui véhicule le modèle de socialisation des différentes institutions de la société. Il raffermit la conscience du jeune citoyen en le faisant prendre confiance dans sa capacité d'entreprendre des actes pouvant valoriser beaucoup plus le territoire : des actes civiques.

---

[163] J-J. Rousseau, op.cit., p.11.
[164] Montesquieu, op.cit., pp.157-160.

4.5. — Les manifestations du civisme

On parle de manifestation du civisme pour désigner des actes civiques. Ainsi qualifiés parce qu'ils émanent de l'éducation civique dont la démarche procède de l'individu au collectif et vise à faire du citoyen un être habité, par un ou plusieurs sentiments de réaliser des actions qui tendent à projeter la meilleure image du territoire. Ces actes sont, chez le citoyen, d'ordre divers avec pour dénominateur commun un dépassement de soi tout en restant dans la logique, ou l'esprit, de « l'ordre établi ». Dès que l'acte honore le territoire, il n'enfreint pas cet esprit qui, toujours, lui est antérieur et qui regarde beaucoup plus du côté du réel que de la réalité. Ainsi, cet esprit peut tout prévoir sans pouvoir établir clairement la dimension et la qualité de l'acte qui serait posé dans un futur non maîtrisé. Mais il faut souligner qu'en matière de civisme il n'existe pas de petit acte. L'acte le plus simple posé par un citoyen, en accord avec l'esprit de l'ordre établi, porte la marque des valeurs. Par contre, il existe des actes d'un relief plus élevé que d'autres tels : le patriotisme, le nationalisme, le conformisme, la civilité... Pour chacun de ces actes, le citoyen est animé par un degré de sentiment qui varie avec le mode de gouvernement.

Ces actes sont, à notre avis, des éléments forces du civisme susceptibles de concourir à la grandeur sociale, de donner un sentiment de dignité et/ou de fierté à chaque citoyen quand se présente le moment de compétitivité ou de confrontation intra ou inter citoyen voire intra ou inter société.

4.5.1. — Les manifestations à effets tolérables

Permettez-nous de dire que ces manifestations-là sont de natures totalement constructives pour le territoire. Elles font surtout appel à la solidarité des citoyens qui négligent en majorité le côté contraignant de l'acte ; c'est-à-dire les risques encourus. Ils s'y embarquent en oubliant que pour certains actes ils sacrifient une partie de leur temps (de la valeur qu'ils pourraient mettre à contribution) et pour d'autres qu'ils se rabaissent en dépit de leur dignité d'Homme. Pourtant, c'est pour eux de la fierté de se sacrifier et de se rabaisser pour permettre à la nation de s'élever au rang de gloire. Au nombre de ces manifestations, on peut compter : le patriotisme, le nationalisme, le conformisme et la civilité.

4.5.1.1.. — Le patriotisme

Le patriotisme est évoqué quand l'acte civique posé par le citoyen est animé par un sentiment affectif qui lui permet d'agir de façon dévouée à toute œuvre constructive du territoire : payer ses impôts et redevances ; respecter les normes, les principes, les lois et aider à les comprendre et à les respecter ; participer et revendiquer sa participation à la chose publique ; lutter contre la dégradation sociale et écologique de l'environnement ; se porter volontaire à exécuter des tâches consistant à prêter ses services à la collectivité, à la formation des jeunes, créer de l'emploi, etc. Ce sont autant d'actes civiques qui marquent l'affection d'un citoyen pour son territoire.

Habituellement, son territoire est sa patrie, en référence au patriarcat qui traduit l'avènement de la propriété privée sinon la possession. Ce sentiment est quelquefois renforcé par la métaphore : *mère patrie*. De ce fait, s'y enraciner est le mobile de l'acte. Puisque, plus les racines sont profondes plus y demeurer est la règle, pour consolider le droit de propriété, le citoyen n'a d'autre choix que de faire sien un ensemble de symboles – que la société a inventés et créés – de les entretenir, les modifier, au besoin, afin que le territoire garde toujours sa splendeur. Il ne faut pas s'appesantir sur la notion (affective) pour crier à la subjectivité ! Le citoyen, en tant qu'être social, est porteur d'un sentiment collectif et, comme tel, l'acte qu'il pose, dans le cadre du patriotisme, concerne toute la collectivité.

L'acte civique est toujours objectif, car il vise la durabilité. Il peut être parfois dépouillé du sentiment affectif, au cas où il serait réalisé par un citoyen exogène : (non-fils du territoire). Mais, il reste un acte civique par sa portée collective au profit du territoire en question. Par exemple, la création d'emploi n'est pas l'apanage des fils du territoire. Un étranger, accomplissant cet acte civique, est vénérable et peut être vénéré par des États qui, dignes de ce nom, peuvent même lui offrir l'opportunité de devenir fils du territoire, tenant compte des lois de naturalisation, pour avoir contribué à la production de valeurs.

Donc, le patriotisme n'est pas un sentiment caché qui fait vivre en autarcie. Il ne conduit pas à l'égocentrisme. C'est un acte de mise en valeur du territoire et, par extension, du citoyen qui s'y identifie.

4.5.1.2.. — **Le nationalisme**

Nationalisme et régionalisme sont deux concepts qui traduisent le même sentiment, mais suivant des grandeurs différentes. Si le premier fait appel à l'État comme entité territoriale, le second fait appel à une partie de ce territoire sous la coupe du même État. Le nationalisme est caractérisé par un sentiment passionné qui amène le citoyen à promouvoir et à faire accepter le symbolisme de son territoire de son État. En posant un acte avec un tel sentiment, le citoyen agit en défenseur de la collectivité.

L'espace interétatique est l'espace de confrontation approprié à la manifestation d'un tel sentiment. Pour évaluer ce sentiment, et le rendre digestible à chaque citoyen, les élites dirigeantes organisent des espaces de confrontation interrégionaux où les citoyens ont à faire l'expérience de ce qui les divise et de ce qui les unit.

Dans aucun cas de figure, territorial ou régional, le citoyen n'accepte que l'espace – en soi ou pour soi – soit déshonoré. Il emploie l'audace, la ruse pour faire triompher le côté merveilleux de l'espace en question. Et quand il n'y arrive pas, sa déception est grande au point que son ego peut l'inciter à la colère, voire à la violence. C'est à ce niveau que commence le péché du citoyen nationaliste. Mais le nationalisme en soi n'a rien de répugnant.

D'ailleurs, le contexte de la mondialisation tend à déplacer l'axe du nationalisme. Il n'y a pas un citoyen ivoirien qui ne s'identifie au Chelsea football club en Angleterre en raison de la seule présence de l'avant centre gauche (Didier Drogba) qui est un des

Ivoiriens du club. Ce constat est aussi vrai pour les Brésiliens (Ronaldo, Ronaldinho, Kaka) ; l'Argentin (Messi)... On pourrait citer plein d'autres exemples en dehors même de la sphère footballistique. Quel Kenyan aujourd'hui n'aurait pas aimé voir Obama réussir très bien son premier mandat pour accéder à un second ? Quel Haïtien n'aurait pas aimé voir Michaelle Jean jouer son rôle de gouverneure du Canada, si bien que Sa Majesté, la reine d'Angleterre Élisabeth II, lui renouvelle sa confiance ?

La mondialisation voile la territorialité et elle est en train de jeter un masque sur le visage de tout citoyen porteur de la valeur ajoutée pouvant contribuer à renforcer l'occidentalisation des territoires. Cela peut laisser croire au triomphe du libéralisme assimilé à l'individualisme méthodologique donc à une vie autarcique comme celui de Robinson Crusoe ! Le citoyen en la circonstance ne travaillera que pour sa propre personne ou pour sa propre gloire ! Il ne faut pas nous faire dire que l'occidentalisation tue le nationalisme.

Au contraire, elle fait prendre conscience à certaines élites dirigeantes de la gravité de leur ignorance et de leur laideur qui continuent à être un frein majeur au développement de ce sentiment passionné chez bon nombre de leurs citoyens.

4.5.1.3. — **Le conformisme**

Comment le conformisme peut-il s'avérer être du civisme si l'on prend en compte que l'une des finalités du civisme c'est la dignité humaine ? Il ne faut pas nier que le territoire, né de l'interaction humaine, est un espace à doubles grandeurs : physique et réelle. Conserver la grandeur physique du territoire tout en augmentant sa grandeur réelle relève de la complicité des élites dirigeantes et des citoyens qui doivent chacun de leur côté faire preuve d'intelligence pour éviter l'envahissement ou l'annexion du territoire. Souvent, on évoque le concept : *intérêt de la nation* pour traduire cette capacité intelligente d'un peuple toujours prêt à tolérer sinon à obéir aux principes, coutumes et lois fondamentaux de la territorialité.

De ce fait, le conformisme est l'acte civique posé par le citoyen animé par un sentiment consensuel pour adhérer à toute idéologie allant dans le sens de l'intégrité du territoire. Dès lors, le respect des normes et institutions devient sacré pour assurer la convivialité : la convivialité est garante de l'équilibre social entre les Hommes et les citoyens d'un même territoire et par conséquent de l'harmonie du peuple profitable au développement socioéconomique durable.

4.5.1.4. — **La civilité**

Dans le cadre du civisme, la civilité part du compromis entre les Hommes et les citoyens du territoire. Ce compromis prend la forme d'échanges de courtoisies qui alimentent la sympathie et font grandir le sentiment de solidarité et de fraternité face à des situations pouvant humilier et mettre en péril l'existence de la mère patrie. Dans ce contexte direz-vous, la civilité c'est l'affaire des citoyens et non l'affaire de tous les Hommes du territoire ! Le paradoxe société/citoyen refait surface : lequel des deux est antérieur à l'autre, voire indispensable ? Qu'on le veuille ou non, la société est une invention des Hommes et, en retour, elle donne naissance au citoyen. Cependant, pour dynamiser son fonctionnement, suivant une perspective durable, la société entre dans une parfaite interaction avec le citoyen au point de rendre confuse la question d'antériorité. La civilité établit le rapport Homme/citoyen au profit de la paix entre les Hommes pour une évolution tranquille de la société qui fait reculer la haine tant dans les cœurs que dans les esprits et, ainsi, isole le territoire des luttes intestines qui pourraient l'entraîner vers la guerre civile. Ce rapport est la forme d'union la plus sacrée dont seules les élites dirigeantes ont la potentialité de favoriser la cristallisation au regard de leur conception de l'Homme et du citoyen. Peut-on penser le citoyen en mettant au second plan l'Homme ?

Montesquieu est catégorique à ce sujet : « La société est l'union des Hommes, et non pas les Hommes ; le citoyen peut périr et l'Homme rester. »[165] Ceci ramène à l'interaction humaine et fait

[165] Montesquieu, *op.cit*, p.275.

rejeter encore davantage l'individualisme méthodologique comme paradigme explicatif des rapports socio-économiques. Les Hommes dans leur monde spécifique et dans leur vision autarcique ne peuvent pas constituer la société : mille Robinson Crusoe resteraient des Hommes durant le temps de leur existence sans pourtant avoir la possibilité de devenir des êtres sociaux. Donc, il leur aurait été difficile de devenir aussi des citoyens. La civilité rapproche les Hommes les uns des autres et fait d'eux des amis avant qu'ils n'entament tout autre type de négociation.

La réponse à la question renvoie aussi à B. Malinowski en termes de culture et de nature. Le citoyen est culture ; il ne peut pas s'écarter des normes sociales de comportement qu'il a créées.

L'Homme est nature. Avec ou sans ces normes, il a des besoins physiologiques à satisfaire, peu importe les moyens utilisés. La régulation des moyens d'être, de faire et de se comporter est justement à la base de la civilité. Le « peur importe comment » de l'Homme vis-à-vis de lui-même, vis-à-vis du citoyen, vis-à-vis de la société et vis-à-vis de la nature l'éloigne de la civilité. Aucun Homme ne peut s'en foutre au risque de ne pas se respecter soi-même et se faire respecter. Le respect de soi-même, le respect mutuel, le respect de l'environnement sous-tendent la civilité. Ces types de respects rendent possible la convivialité qui solidifie le territoire dans toutes ses grandeurs, particulièrement dans sa grandeur réelle. Vu la simplicité des éléments constitutifs de la civilité certaines élites dirigeantes peuvent se pouvoir permettre de la minimiser voire de ridiculiser Hommes et citoyens qui s'y conforment. C'est de là que part souvent le déclin de la territorialité, car les élites dirigeantes qui auraient dû valoriser les éléments bâtisseurs de l'amitié et de la tolérance entre les Hommes les ont banalisés elles-mêmes.

Elles ne sont pas conscientes du fait que : « Sitôt que les Hommes eurent commencé à s'apprécier mutuellement et que l'idée de la considération fut formée dans leur esprit, chacun prétendit y avoir un droit, et il ne fut plus possible d'en manquer impunément pour personne. De là sortirent les premiers devoirs de la civilité [...] et de là tout tort volontaire devint un outrage, parce qu'avec le mal qui résultait de l'injure, l'offensé y voyait le mépris de sa personne souvent plus insupportable que le mal même. C'est ainsi que chacun punissant le mépris qu'on lui avait témoigné d'une manière proportionnée au cas qu'il fît de lui-même, les vengeances devinrent terribles, et les Hommes sanguinaires et cruels. » (J.-J. Rousseau, 2006, p.59)

4.5.2. — Les manifestations à effets pervers

Ici, on nage ici en plein paradoxe : des éléments de faiblesse d'une société peuvent être aussi des éléments forces. Cela dit, les éléments de faiblesse du civisme émergent de l'incapacité des lieux de socialisation à gérer sinon à bien manipuler les éléments qui sont des forces du civisme, particulièrement ceux des institutions de contrôle et de régulation des valeurs sociales. En effet, quand l'idéologie du civisme ne conduit pas le citoyen à la maîtrise de soi, il peut en résulter des effets de débordement à caractère pervers greffés sur des éléments forces. L'idée de vengeance peut amener le citoyen à des degrés de sentiments divers qui débordent le cadre du civisme, mais qui paradoxalement appartiennent au civisme. À ce propos, nous mettons en avant trois sentiments de type pervers. Il s'agit d'une part du fanatisme et, d'autre part, du chauvinisme et de la xénophobie.

4.5.2.1. — Le fanatisme

Dans le contexte du civisme le fanatisme est d'un degré plus avancé que le nationalisme. Il traverse le citoyen avec un double sentiment qui fait de lui un être passionné, à la fois, fragile et agité. Toutefois, le fait d'être fanatique n'est pas lié, forcément, à la question de nation. Et nous revenons alors sur l'aspect de la mondialisation avec l'exemple des vedettes du football, qui provoquent chez des citoyens de n'importe quel territoire un comportement de parti pris.

Pour ou bien contre, tel est le vecteur du fanatisme ? L'esprit d'être toujours le vainqueur et jamais le vaincu, d'être le gagnant et non le perdant fragilise davantage ce sentiment de partialité qui fait prendre pour indigeste, humiliante et frustrante la situation d'être vaincue. Pareille situation fait appel à l'esprit de vengeance.

Essuyer l'affront traduit l'état d'esprit de tout perdant. Quand cet esprit habite le citoyen, il devient dangereux, surtout quand la société à travers les lieux de socialisation ne lui laisse aucune échappatoire. Le fanatisme religieux ne fut-il pas à la base de la guerre de Cent Ans et ne continue-t-il pas jusqu'à présent, dans certaines régions, du monde à faire des victimes ? L'affront de la guerre de Cent Ans n'a-t-il pas conduit au traité de Versailles et amené l'humanité jusqu'à la Deuxième Guerre mondiale ?

La société, pour atténuer l'esprit de vengeance qu'a entraîné le fanatisme, a inventé la compétition intra ou inter citoyen, quand ce n'est pas intra ou inter territorial. L'école est l'un des premiers lieux de socialisation ou commence l'initiation à la compétition. En effet, l'école apprend, déjà à l'enfant, citoyen en devenir, à accepter son échec et à tolérer la réussite de l'autre. La classification de la compétence acquise – en *assez bien, bien, très bien et excellente* – est aussi une préparation de la conscience citoyenne à tolérer sa situation et à s'efforcer à s'améliorer.

Les élections ne sont pas non plus en reste. Sous la rubrique de *démocratie*, la société établit une compétition d'idéologie politique entre les partis de diverses tendances pour la gestion socio-économique du territoire et des ressources. Sans se référer à l'idéologie marxiste ou idéologie de classe, tout le monde connaît la violence charriée par les élections du fait des intérêts de classe et du fanatisme des adhérents des partis, qui s'entre-tuent avant même de connaître le vainqueur des urnes. Cette compétition interne au territoire épouse aussi la logique d'acceptation de son échec et la tolérance de la victoire de l'autre.

La capacité de nuisance suffisante du fanatisme, quand elle est mal exploitée par les élites dirigeantes, produit la haine entre les citoyens d'un même territoire et empêche le territoire d'aller au-delà de sa grandeur physique et de vivre la culture de la paix.

4.5.2.2. — La xénophobie

Si comme elle est définie on considère la xénophobie comme étant : la peur de ce qui vient de l'extérieur, ou bien la peur de l'étranger, le natif du territoire devient, *ipso facto*, un sauvage incapable de discernement. Et par extension un être inapte à l'acculturation. L'idéologie du civisme est en porte-à-faux avec une telle conception qui fait abstraction des causes de la xénophobie et, en conséquence, rend difficile la tâche sociale d'en trouver la solution idoine. La xénophobie, tout comme le chauvinisme, traduit l'échec des lieux de socialisation d'une société et de ses élites dirigeantes.

La xénophobie est un débordement du nationalisme combinant le patriotisme et le fanatisme. L'idée dominante de la xénophobie est : l'exclusivité du droit de la propriété territoriale qui met le citoyen toujours sur la défensive, car il ne doit pas être le perdant. De ce fait, tous ceux qui ne sont pas natifs du territoire et qui pensent s'y installer, selon la pensée xénophobe, mettent en péril le droit de propriété et sont vus comme une menace pour la mère patrie lieu d'enracinement du citoyen, sa raison fondamentale d'existence. Le citoyen xénophobe est traversé par une psychose qui le rend violent envers et contre tous ceux qui ne sont pas identifiables à son territoire et à son symbolisme.

Sa haine contre l'étranger s'inspire de la conquête menée ou susceptible d'être menée, par un État sur un autre territoire. Synonyme d'expropriation, la conquête n'est acceptée par aucun citoyen voire aucun peuple. Reprenons cette idée déjà évoquée « Un prince, alors, peut compter pour ennemis tous ceux qui ont souffert par sa conquête. [...] quelque puissant que soit un prince à la tête de son armée, il a toujours besoin de l'appui et de la bonne volonté des habitants d'un pays, pour pouvoir y entrer aisément. [...] il faut ne point faire du mal aux peuples, ou bien il les faut exterminer tout à fait, vous souvenant qu'on oublie jamais les mauvais traitements que l'on aura reçus, lorsqu'ils ne sont que médiocres, mais que l'on n'en pourra jamais tirer raison, s'ils sont extrêmes. Aussi, ne faut-il jamais maltraiter personne, à moins qu'on ne lui ôte entièrement le pouvoir de se venger. »[166]

Un peuple en soi n'est jamais xénophobe. Cependant, une bonne partie du peuple peut le devenir. C'est la leçon à tirer de cette idéologie de conquête que Machiavel a mise en lumière. La xénophobie est une réaction à l'action de conquête. Le conquérant et le xénophobe sont des criminels dans l'âme qui poursuivent des finalités différentes. Celui-ci doit son agressivité à sa peur d'être exproprié ou déraciné et celui-là doit sa violence à son avidité de faire main basse sur des richesses d'un territoire d'où il entend déloger tout individu qui s'y trouve. Dans ce contexte, tout étranger, pour le xénophobe, peut prendre la forme du conquérant qui tantôt porte un masque de guerre, tantôt se cache derrière un discours messianique.

La xénophobie n'est pas du racisme dans le sens épidermique du terme. Mais, elle s'y apparente en raison du fait que l'étranger peut être d'un épiderme différent de l'autochtone. Bien que l'idéologie raciste soit plus violente, puisqu'elle déborde le cadre territorial, la thèse du racisme n'est pas à écarter de la xénophobie. L'hostilité raciste est pire. Elle peut être interne et externe au territoire.

La xénophobie par ces aspects s'écarte-t-elle du civisme ? Paradoxalement non. Aucun citoyen ne peut accepter, à travers son territoire, d'être humilié dans sa dignité d'Homme. Cependant, elle fait plus de tort à un territoire que de bien. Une société xénophobe est condamnée à mener sa vie en autarcie.

C'est à ce niveau que l'efficacité des élites dirigeantes se fait sentir. Comment éviter à son peuple, à partir de l'idéologie du civisme, de ne pas basculer dans le racisme ou dans la xénophobie ? Cela réfère à la capacité des élites dirigeantes à concevoir la qualité du citoyen qui passe, inévitablement, par la qualité et l'existence effective des lieux de socialisation. Il y a

[166] N. Machiavel, *op.cit*, pp. 12-15.

beaucoup de sociétés où ces lieux n'existent que de noms. Aussi, ont-elles des citoyens que de noms avec des comportements jugés anomiques par d'autres sociétés, mais qui, véritablement, sont au diapason avec le rythme de fonctionnement normal institué par les élites dirigeantes. Ces dernières sont les premières déviantes, ou les premières anomiques d'un ordre social mondial conçu au regard d'un mode de vie durable axé sur la mise en valeur, spécifique, du territoire et de son peuple.

Toutes les élites qui font une mauvaise exploitation de leurs territoires le font au détriment de leurs peuples et les exposent à la conquête des élites d'autres territoires qui savourent toujours le désir d'augmenter la grandeur réelle de leurs territoires. D'une part, celles-là sont considérées comme des apatrides et de l'autre, elles jettent leurs peuples dans une lutte acharnée contre des conquérants. Un peuple en arme contre des conquérants, avec des élites dirigeantes complices de sa situation, n'est pas un peuple xénophobe. C'est du nationalisme sur fond de révolution ou du droit à l'autodétermination. C'est du chauvinisme certes ! Mais qu'on peut qualifier de droits à l'autodéfense dans le vocabulaire international des droits du peuple !

4.5.2.3. — **Le chauvinisme**

Le chauvinisme n'est pas tout à fait différent de la xénophobie en termes de manifestation comportementale. Mais, contrairement à la xénophobie, il est offensif. Il s'inspire de la visée hégémonique du citoyen voire de l'État lesquels refusent de limiter leurs marges de manœuvre à la seule grandeur physique du territoire. Pour eux, il leur faut aller au-delà de cette grandeur pour marquer leur supériorité, leur force de vaincre et leur force de s'approprier des ressources profitables à leur bien-être et au développement de leur territoire. L'esprit de conquête et l'ethnocentrisme sont des traits marquants du chauvinisme. L'esprit de conquête permet au conquérant d'imposer sa vision et de faire croire à sa supériorité jusqu'à provoquer l'aliénation des peuples du territoire conquis. C'est pourquoi sa méthode s'apparente à une violence vertigineuse qui s'apparente à une cruauté qui, souvent, dépasse l'entendement humain. Ainsi perçu, le chauvinisme devient une exacerbation du nationalisme dans le sens il n'admet pas d'autres symboles que ceux qui caractérisent son territoire. En conséquence, tout ce qui ne réfère pas à ce symbolisme doit être sujet à destruction.

Mais alors, le chauvinisme ne serait pas du civisme ? Détrompez-vous ! S'il n'est pas du civisme, il n'est pas non plus son contraire. Paradoxalement, s'il est impossible à des peuples d'affirmer leur supériorité, dans un domaine ou dans un autre, s'il est impossible à un État d'imposer une vision lui permettant d'aller au-delà de la grandeur physique de son territoire dans le concert des nations ce peuple est vu comme un paria.

Concluons que les manifestations du civisme quel que soit leurs effets : tolérables ou pervers font partie de l'ensemble comportemental des natifs du territoire (de la Nation). Seule la capacité des élites dirigeantes d'un territoire à bien manipuler l'outil idéologique qu'est le civisme – pourra empêcher la Nation de sombrer dans le chaos et pourra doter le citoyen d'une personnalité apte à adopter les éléments comportementaux indispensables à la consolidation de la structure territoriale. Cela signifie que les manifestations du civisme, chez le citoyen agissant, relèvent de sa personnalité. Comment celle-ci arrive-t-elle à se constituer pour donner un citoyen efficace, intégral, intègre et intégré ?

4.6. — La personnalité humaine

Chez l'homme, la personnalité est l'un des agrégats de consolidation du civisme ; elle synthétise le mode d'engagement des élites dirigeantes dans l'encadrement qu'elles donnent à l'enfance, l'adolescence, l'adulte et la vieillesse : les périodicités biologiques. Chacune de ces périodes biologiques de l'existence humaine requiert l'intervention de la société pour rapprocher l'Homme le plus près possible de la culture et l'éloigner autant que possible, de la nature. Cela explique ces périodicités biologiques sont l'expression de la territorialité et sont inclusives à la territorialité ; puisqu'elles dégagent l'aspiration du peuple et rend prévisible le devenir de la société. Mais, entre l'adolescence et l'âge adulte il y a la jeunesse,catégorie socio-économique et politique, qui incarne un type de personnalité prêt à tout expérimenter, à courir tous les risques pour se faire un nom, valoriser sa patrie et défendre son territoire. Comme elle n'est pas de catégorie biologique, sa vie naturelle lui importe moins que sa vie sociale. C'est pourquoi on la retrouve sur tous les fronts là où il y a des manifestations de revendication, là où l'on parle de changement et de révolution. En tant que catégorie sociopolitique, la jeunesse traduit la vitalité, la force et la capacité des peuples à constituer un rempart face aux forces de conquête qui menacent l'intégrité du territoire. C'est à travers l'observation de l'évolution ou de l'épanouissement de la jeunesse que les élites dirigeantes peuvent apprécier et même évaluer l'efficacité des lieux de socialisation conçus pour transformer l'Homme en citoyen. Ceci s'explique par le fait que la jeunesse porte en elle le rêve de plusieurs générations. Elle est, de ce fait, le reflet de statut social que le travail, créé par la société, permet d'acquérir. G. Rocher[167] nous a déjà expliqué le rôle joué par l'univers du travail dans l'acquisition de la personnalité. De plus, N. Doubinine, dans un contexte beaucoup plus grand place au rang d'un processus socio-historique l'acquisition de la personnalité. À ce propos, il écrit « Chaque personnalité porte le sceau de son époque, de sa classe, de sa nation, de sa collectivité, de sa famille. Ce n'est, qu'une fois parvenu au niveau de la personnalité dotée de traits individualisés inimitables, que l'Homme devient partie prenante et acteur de l'Histoire. »[168] La jeunesse, cette catégorie socio-économique et politique, ou ce collectif d'Hommes aux caractéristiques communes, a une personnalité propre et combative, mais variable avec le statut social découlant du mode de stratification sociale et du processus d'ascension sociale, défini par les élites dirigeantes. « On sait également que le niveau d'aspiration des jeunes pour leur instruction et leurs professions futures est conditionné en grande partie par le statut social de leurs familles, les valeurs principales auxquelles chaque classe sociale se rattache et les attitudes qui en découlent, de sorte que le statut socio-économique des parents est de plus en plus considéré par les chercheurs et par les éducateurs

[167] G. Rocher, *op.cit*, p.114
[168] N. Doubinine et al, *op.cit.*, pp. 31-32

comme le prédicateur le plus sûr du succès scolaire des enfants. » (G. Rocher, 1968, 160, t.1)

Voilà qui, plus ou moins, s'apparente au « paradoxe d'Anderson » dans son interprétation : *tel père, tel fils* ; mis à part les autres formes d'interprétations – au regard de la mobilité sociale – que des chercheurs différents peuvent en faire.

En conséquence, quand de l'enfance à l'adolescence l'initiation à la territorialité est défaillante, les élites dirigeantes ou l'État compromettent l'avenir de la jeunesse et font courir à la société le risque d'une dégénérescence qui leur sera difficile à arrêter. Remédier à une telle défaillance revient à responsabiliser les lieux de socialisation, lesquels constituent la grande école de formation de la personnalité. « Les résultats des observations montrent que la personnalité dont les propriétés et caractères sociaux, moraux et psychologiques, ne font qu'un se forme au cours de toute la vie et de l'activité de l'Homme. [...] La formation de la personnalité est un processus complexe, épineux et à la fois logique, qui se développe en spirale, c'est-à-dire que ce processus prépare lui-même les conditions pour son développement ultérieur. [...] Quelles sont les sources principales et immédiates de la formation éthique d'une personnalité ? [...] l'école, la famille, sa collectivité de travail, la Nation, la classe et la société en général, dont la pression politique, idéologique, culturelle et éducative, etc., s'exerce par les grands moyens d'information et autres voies. Les comportements et les opinions de l'Homme sont très fortement marqués par les conditions politiques, économiques et sociales partagées par les membres d'une société donnée, comme leurs expériences, leurs formes de comportement et leurs modes de pensée. D'une façon générale, on pourrait difficilement indiquer un aspect de la vie de la société ou d'une collectivité qui ne jouerait pas dans la formation de la personnalité. »[169]

La personnalité humaine, dans le contexte du civisme, est la conviction cultivée par le citoyen pour faire triompher l'intégrité de son territoire. Elle est un processus historique né avec la vision

[169] N. Doubinine et al, *op.cit.*, pp181-182.

des élites dirigeantes. Plus cette vision est inclusive et ne s'enferme pas dans des préjugés de castes, plus le citoyen s'y identifie et plus grande est sa conviction ou sa détermination à être, partout, sur tous les espaces d'impact des lieux de socialisation, le porte-étendard de son territoire. Ainsi, la personnalité devient un outil d'implantation de l'âme populaire sur un territoire autre que son territoire d'origine. En conséquence, la personnalité fait passer le territoire de sa grandeur physique à sa grandeur réelle.

CONCLUSION DE LA DEUXIEME PARTIE

L'ambiguïté du civisme n'a pas empêché qu'il soit considéré par plus d'un comme étant une démarche sinon une idéologie qui dicte un mode de comportement à une collectivité. Souvent, on préfère évoquer les concepts anticivisme et incivisme plutôt que de le définir comme le civisme tout complexe et paradoxal. C'est pourquoi, dans le cadre de ce livre est présenté comme un pilier de l'édifice social sollicité par des forces sociopolitique, économique et culturelle ; des forces qui lui sont à la fois internes et externes. L'équilibre territorial en dépend et il est du ressort des élites dirigeantes de favoriser l'harmonisation de la trilogie : *citoyen*, *territoire* et *obligations*, qui sont des paramètres explicatifs du civisme.

Quoi qu'on pense, le civisme est un vecteur de valeurs ; un vecteur qui met en compétitivité le patriotisme et le nationalisme des peuples. Il ne saurait en être autrement, puisqu'en tant qu'idéologie, il répond au comportement de guerre des conquérants. Tout peuple a son civisme propre du fait que son territoire est une convoitise aux yeux des puissances colonialistes qui ne se contentent pas de la seule grandeur physique de leur territoire. Ce civisme, en ce sens, est aussi une lutte pour le respect du droit des peuples qui passe par les droits du genre humain, sorte de consensus entre les Hommes. Ainsi, de génération en génération pour garder en vie ce consensus, des institutions sociales sont créées. En dépit du fait que la société civile n'est pas un lieu de socialisation il n'est pas moins vrai qu'elle est un des agrégats de consolidation du civisme : l'idéologie véhiculée par des lieux de socialisation conçus par les élites dirigeantes. Ces instances ou lieux institutionnalisés sont classés en deux grandes catégories : les institutions forces et les institutions auxiliaires. Cependant, de par leurs fonctions complémentaires ils s'imbriquent tous pour donner une personnalité à l'Homme. Ils le socialisent dès l'enfance à des fins d'un sentiment d'appartenance à la société et au territoire, lesquels l'ont vu naître. La terre, le symbole de ce territoire est sa « mère patrie » qu'il doit défendre, même au péril de sa vie, face à la visée hégémonique des États conquérants qui auraient aimé, de force, la lui arracher, l'exproprier par la violence la plus brutale.

Dans ce contexte, toute une théorie a été élaborée et renforcée par des courants économiques – comme la physiocratie, le mercantilisme et/ou le colbertisme – pour asseoir la conquête des puissances colonialistes. La terre est au centre de toutes ces réflexions théorique et économique pour sa valeur intrinsèque et ses richesses. Ainsi, dans sa stratégie d'appropriation le conquérant réduit au silence tous les occupants et, en premier lieu, les détenteurs des pouvoirs politique et économique (les élites dirigeantes). Étant les premières victimes, ces dernières ont compris la nécessité de fraterniser avec tous les Hommes qui partagent avec elles la même Histoire et qui ont pour aïeux les mêmes personnages légendaires. Cette fraternisation va être l'expression d'une convivialité que traduirait la civilité, le conformisme, le patriotisme et le nationalisme. Le civisme est censé être le cachet de cette fraternisation qui se manifeste parfois sous d'autres formes, en réponse à la violence exercée par l'ensemble des conquérants pour soumettre les premiers occupants du territoire.

En effet, la solidarité des autochtones, pour qu'ils ne soient pas déracinés de leur territoire, prendra une forme proportionnelle à la violence des conquérants. Elle se manifeste souvent par le fanatisme, la xénophobie et le chauvinisme. Ils sont nombreux à penser que cela n'a rien à voir avec le civisme que c'est plutôt du terrorisme ! Certes, C'est une qualification, mais elle semble inappropriée. En d'autres termes, c'est faire passer les conséquences pour les causes ou souscrire à la logique de « l'effet Arizona », en respectant la conception de Milton Friedman[170], pour pouvoir interpréter les faits. Qu'on le veuille ou non, ces manifestations sont les effets pervers d'un civisme mal implanté dans l'âme populaire. La responsabilité en incombe aux élites dirigeantes qui, souvent, font véhiculer des frustrations pour des rêves et jettent la confusion entre ses intérêts et le projet des

[170] M. Gyment, 1979. *Dictionnaire des lois, effets et principes économiques.* Paris : Éditions Cujas, p.18.

conquérants. Le peuple privé d'état d'âme, en raison de cette confusion, emploie la violence la plus rigoureuse qui se retourne contre lui. À ce niveau se fait sentir la défaillance des outils d'opérationnalité du civisme (l'instruction civique, l'éducation civique et le service civique) ; défaillance qui fait perdre la face aux élites dirigeantes, qui sont incapables de bien les manipuler.

TROISIEME PARTIE : LA TECHNIQUE ET LA SCIENCE DANS LE CIVISME OCCIDENTAL

CHAPITRE V. — LE CIVISME OCCIDENTAL : UN OUTIL D'ACCULTURATION

La logique paradoxale aurait exigé, peut-être, de titrer ce chapitre autrement, par exemple : ***le civisme occidental un outil d'aliénation des peuples***. Un tel titre aurait été malséant, car ce serait dédouaner des élites dirigeantes non occidentales de leur mauvaises gouvernances. Le civisme, étant une quête incessante de valeurs, l'occident intervient, partout, où il y a matières à valoriser ; mais surtout là où un constat d'absence de compétences (sinon une mauvaise gestion de celles-ci) risque de laisser inexploitées ces matières, au détriment du bien-être de l'humanité. À ce niveau se jouent le patriotisme et le nationalisme des élites dirigeantes qui doivent se préparer à être les premières à intervenir dans la transformation et la valorisation de ces matières au profit de leurs peuples d'abord et, ensuite, de l'humanité tout entière. Alors, l'outillage, en termes de technologie, n'est pas dénué de sens dans le contexte du civisme. L'impuissance technologique d'un État ne vient pas du ciel, mais bien de ses élites dirigeantes. La technique et la science, si l'on veut rester dans l'esprit de l'œuvre de J. Habermas, doivent être considérées comme idéologie. Le travail c'est ce qui a toujours mis les Hommes face à la nature.

Toute l'évolution de l'humanité passe par le travail. La révolution néolithique est le fruit du travail que l'Homme a perfectionné jusqu'à engendrer la révolution industrielle qui va consacrer le capitalisme comme le mode de production la plus productive dans l'Histoire de l'humanité. « La technique ne peut être ramenée qu'à un projet de l'espèce humaine dans son ensemble et non pas à quelque chose qui puisse être dépassé historiquement. [...] on peut alors reconstruire l'Histoire de la technique sous l'aspect d'une objectivation progressive de l'activité rationnelle par rapport à une fin. En tout cas, l'évolution de la technique se prête bien au modèle d'interprétation selon lequel l'espèce humaine aurait projeté l'un après l'autre sous forme de moyens techniques les éléments qui sont à la base des différentes fonctions de l'activité rationnelle par rapport à une fin, lesquels se situent d'abord au niveau de l'organisme humain –

l'espèce pouvant ainsi se libérer elle-même de ces fonctions. [...] Il suffit de réfléchir au fait que l'évolution technique obéit à une logique qui correspond à la structure de l'activité rationnelle par rapport à une fin et contrôlée par son succès, c'est-à-dire en fait par la structure du *travail* ; dès lors, on ne voit vraiment pas, de quelle manière nous en viendrions jamais à pouvoir renoncer à la technique, en l'occurrence à notre technique, au profit d'une autre qui en serait qualitativement différente, aussi longtemps que l'organisation de la nature ne se modifie pas et que par conséquent nous devions continuer à entretenir notre existence grâce au travail social et à l'aide de moyens se substituant au travail. »[171]

Si l'occident fait de la technique et de la science son cheval de bataille, personne n'a rien à lui reprocher. C'est un choix de ses élites qui ont compris, dès le départ, qu'il faut, non seulement, partir à la conquête de valeurs, mais aussi et surtout, qu'il leur faut à la fois des outils techniques et idéologiques pour mener à bien leur mission. Ainsi ont-elles élaboré des théories conçu des cadres d'analyses, créé l'université pour une remise en question renouvelée et permanente des activités de l'Homme et des activités de la pensée. Elles ont campé une véritable organisation du savoir scientifique dont elles ne contestent pas la vulnérabilité. Tout ceci leur a permis d'être plus efficaces dans l'expansion de leur territoire et moins violente, apparemment, dans l'expropriation des autochtones. Au regard de la théorie des conquêtes, elles actualisent les méthodes d'expropriation des autochtones et d'exploitation des ressources. Désormais, les armes ne précédent plus les missionnaires. L'envahissement consiste d'abord, ou essentiellement, en une offensive culturelle tous azimuts, la technologie aidant. Pour paraphraser B. Guerrien, le conquérant utilise « la culture prédatrice. » L'offensive est si bien conçue que les élites du territoire conquis ne font que constater le changement de comportement de leurs concitoyens. Ces derniers, à force de s'acculturer, arrivent parfois à fredonner beaucoup plus l'hymne national de l'occident conquérant que le leur. Ils s'accoutument à s'exprimer et à penser comme le conquérant jusqu'au matin où ils finissent par comprendre qu'ils ne sont plus eux-mêmes. Cela ne

[171] J. Habermas, op.cit., pp.13-14.

saurait être autrement, puisque l'occident a besoin de vastes marchés pour écouler sa production qui depuis l'avènement du capitalisme est une production de masse.

Dès lors, par rapport à cette situation, l'échange s'inscrit dans la théorie des avantages comparatifs. La compétitivité devient la règle du jeu. Ainsi, les élites dirigeantes qui continuent à penser féodalement ne sont pas suffisamment outillées pour y faire face. L'apport de la technologie à la production, particulièrement à la production agricole, illustre très bien cette situation. Partout ailleurs, là où trente travailleurs étaient nécessaires auparavant, un seul suffit maintenant, la productivité a été multipliée par trente. Le sociologue C. Souffrant, se référant à Haïti, résume cette situation comme suit : « Aux États-Unis, 6 % agriculteurs suffisent à nourrir la population ; 10 % agriculteurs suffisent à nourrir la France ; 75 % agriculteurs sont incapables de pourvoir aux besoins alimentaires d'Haïti. Illettré, le travailleur de cette agriculture est étranger à la science et à la technique moderne. »[172] La valeur de la production agricole, ainsi, est plus élevée par travailleur agricole dans les pays où la science et la technologie sont appliquées en agriculture. Il s'ensuit alors une hausse du revenu réel par habitant. C'est ce constat que M. Polèse[173] a relaté à travers ses recherches que nous vous présentons succinctement sous la forme d'un tableau 5.1. On est d'avis qu'il est insensé de comparer l'incomparable. Cependant, s'enfermer dans cette logique c'est donner un chèque en blanc aux élites dirigeantes qui entretiennent l'empirisme et l'archaïsme comme mode de gouvernance en jetant en pâture leurs populations aux prédateurs de tous bords (*des aventuriers capitalistes dixit* M. Weber) qui les aident à programmer la « pauvreté durable » de leur société.

[172] C. Souffrant, 1995. *Sociologie prospective d'Haïti*. Canada : CIDICA, p.91.
[173] M. Polèse, 1994. *Économie urbaine et régionale (Logique spatiale de mutations économiques)*. Paris : Économica, p.22.

Tableau 5.1. — Productivité agricole comparée entre États-Unis, France, Canada et Haïti, 1988

Pays	M.A en %	P.A.T en $ US	M.P.C
Haïti	65.1	435	...
France	5.8	24743	59 (fois plus)
E. Unis	2.5	33519	79 (fois plus)
Canada	3.6	34168	80 (fois plus)

Source de données : M. Polèse, 1994, p.22.

Légende : Main d'œuvre agricole (M.A), Production agricole par travailleur (P.A.T), Multiple de la productivité comparée (M.P.C)

À la lecture de ce tableau, on comprend clairement que sans la science et la technologie la productivité est un vain mot. Il ne s'agit pas seulement de la productivité agricole, mais de toutes les autres formes de productivité dont la société a besoin pour son bon fonctionnement. Toute chose étant égale par ailleurs, cette situation est presque pareille à celle de tous les États sous-développés. Ne pouvant pas être compétitifs au niveau de la production, ils ouvrent la brèche pour que soit envahi leur marché par la production de l'État conquérant qui ne poursuit qu'un seul objectif : réduire à néant la production nationale pour s'approprier le territoire. Ce procédé est conceptualisé par B. Guerrien sous la terminologie de « *Prix prédateur* » : les produits du conquérant une fois sur le marché du territoire conquis entrent en concurrence avec les produits locaux. Par rapport à ceux-ci, dans un premier temps, ces produits-là sont vendus à un prix nettement dérisoire. Le conquérant – jouant sur la fibre rationnelle de l'agent économique habitué au coût d'option – en profite pour anéantir la production nationale qui souffrait déjà de la carence technologique et qui ne répondait même pas aux besoins de la population. Arrivés à ce stade, les mêmes produits atteignent un prix exorbitant au point que le coût d'option devient totalement nul. « Personne ne se risquerait vraisemblablement à nier que le capitalisme est une formation plus progressiste que la féodalité [...] En effet, l'Histoire de la société humaine est celle du développement de la science et de la technique, de la culture et des arts, celle du perfectionnement des modes de vie, de la promotion de la personnalité. Il serait malhonnête de culpabiliser la science et la technique dès lors que les relations d'exploitation et d'oppression des Hommes, l'emprise des sociétés monopolistes et impérialistes à la recherche des surprofits, empêchent l'humanité de bénéficier pleinement des fruits du progrès. »[174]

Le choix du mode de production, qu'on le veuille ou non, est déterminant dans la pensée de l'organisation sociale. Toute la conception du monde passe par la pensée de l'organisation sociale. Et c'est de là aussi que les élites dirigeantes laissent entrevoir leur capacité de gouverner. L'occident, à la recherche de matières à valoriser, profite de la défaillance de certaines élites. Dès l'avènement du capitalisme, le conquérant est devenu plus agressif dans sa recherche des valeurs au point qu'il ne se contente plus de la terre et de ses richesses, mais, aussi des valeurs humaines en termes de compétences et de talents. Il ne faut pas, toutefois, confondre l'idéologie conquérante avec l'idéologie du capitalisme. En revanche, sous l'influence de cette dernière l'idéologie conquérante n'a pas d'état d'âme. Max Weber, dans *L'éthique protestante et L'esprit du capitalisme*, établit une nette démarcation entre le capitalisme et l'avidité du gain sans limites. Cette dernière « n'implique en rien le capitalisme, bien moins encore son esprit. Le capitalisme s'identifierait plutôt avec la domination à tout le moins avec la modération rationnelle de cette impulsion irrationnelle. Mais il est vrai que le capitalisme est identique à la recherche du profit, d'un profit toujours renouvelé, dans une entreprise continue, rationnelle et capitaliste – il est recherche de la rentabilité. Il y est obligé. Là où toute l'économie est soumise à l'ordre capitaliste, une entreprise capitaliste individuelle qui ne serait pas animée par la recherche de la rentabilité serait condamnée à disparaître. […] Toutefois, c'est en Occident que le capitalisme a trouvé sa plus grande extension et connu des types, des formes, des tendances qui n'ont jamais vu le jour ailleurs. […] Toutes sortes de prêts ont existé. […] Partout où ont existé des crédits de fonctionnement pour les institutions publiques, les prêteurs sont apparus : à Babylone, en Grèce, dans l'Inde, en Chine, à Rome. Ils ont financé des guerres, la piraterie,

---

[174] N. Doubinine et al, *op.cit.*, p.57.

des marchés de fournitures, des opérations immobilières de toutes sortes.

« Dans la politique d'outre-mer, ils ont joué le rôle d'entrepreneurs coloniaux, de planteurs possesseurs d'esclaves, utilisant le travail forcé. Ils ont pris à ferme domaines et charges, avec une préférence pour le recouvrement des impôts. Ils ont financé les chefs de partis en période d'élections et les condottieri en temps de guerres civiles. [...] cette variété d'entrepreneurs, les aventuriers capitalistes, a existé partout. [...] leurs activités ont revêtu un caractère irrationnel et spéculatif, ou bien elles se sont orientées vers l'acquisition par la violence, avant tout par des prélèvements de butins : soit directement, par la guerre, soit indirectement, sous la forme, permanente, du butin fiscal, c'est-à-dire par l'exploitation des sujets. Autant de caractéristiques que l'on retrouve souvent encore dans le capitalisme de l'occident moderne : capitalisme des flibustiers de la finance, des grands spéculateurs, des pourchasseurs de concessions coloniales, de grands financiers. Et surtout dans celui qui fait son affaire de l'exploitation des guerres, auquel se trouve liée, aujourd'hui comme toujours, une partie, mais une partie seulement, du grand commerce international. »[175]

Par ce long passage, Max Weber a ainsi dénudé le capitalisme de son paradoxe. Ce mode de production, qui fait appel à la science et à la technologie, n'est pas moins un instigateur de nombreux modes de comportements corruptibles, ou du moins, de modes de vie ostentatoires, lesquels freinent l'humanisme. L'idéologie conquérante se les approprie pour camper sa terreur au point où les bienfaits du capitalisme sont noyés dans l'océan de la spéculation et de la flibuste politique et économique. L'avidité du gain détrône toute fraternité et érige la violence en méthode d'interaction entre les sociétés et les États. La course aux armements dans cette situation est indispensable pour bâtir l'Empire occidental conquérant qui développe davantage son arsenal de guerre pour pouvoir s'imposer aux peuples des territoires conquis.

---

[175] M. Weber, 1964. *L'éthique protestante et l'esprit du capitalisme*. Paris : Plon, pp.11-15.

En effet, plus les armes de guerre sont meurtrières plus vite l'État adverse capitule et beaucoup plus vite augmente la chance du conquérant de soumettre la population et devenir maître du territoire. Malheureusement, la culture de cette violence forge des consciences de terreur, chez les peuples des territoires conquis ou les autochtones ; consciences qui se traduisent par des actes de délinquance et de banditisme. Il faut les considérer, le plus souvent, comme des actes de résistance face au conquérant ; des actes qui n'ont rien à voir avec l'anomie et la déviance. Cette forme d'acculturation n'est pas à négliger, puisque la violence du conquérant charrie – pour la population du territoire conquis – une capacité de nuisance suffisante. Cette population n'a qu'à se débarrasser de cette violence pour pouvoir continuer à vivre. Dans ce contexte, le délinquant ou le bandit ne fait que singer la violence du conquérant. Le terrorisme devient la forme d'aliénation la plus poussée par une tranche de la population du territoire conquis ; tranche composée de toutes les couches sociales dudit territoire.

Voilà une forme négative d'acculturation que l'humanité ne peut que déplorer, puisque le conquérant n'en est pas la seule victime. La population du territoire conquis reste la victime fondamentale au regard de ses activités socio-économiques de tous les jours. La société entre dans une phase intense de dysfonctionnement. Une psychose de peur s'installe dans l'esprit des populations qui le rend hésitant à vaquer normalement à leurs occupations. Entre-temps, le terrain est laissé aux pour être investi par des mouvements à caractères évangéliques qui, eux aussi, contribuent à alimenter cette psychose. Nous ne généralisons pas ; car la Bible reconnaît l'existence de faux prophètes qui peuvent se servir de l'évangile à leur propre fin et non à celle de la vraie vérité. En participant à l'aliénation de la population, ces mouvements ne font qu'apaiser sa souffrance qu'ils diffèrent à plus tard. Et là, tout est prêt pour l'intervention d'un ensemble de structures de services occidentales (santé, éducation, nutrition, droit de l'Homme, sécurité, etc.) sous le chapeau d'organisations internationales. Là encore, il faut pouvoir distinguer les vraies des fausses. Cela n'est pas toujours facile pour les peuples dont les élites sont complices de cet état de fait. Ils n'ont pas été éduqués et pour cause. Ces structures s'approprient tous les droits, avec la complicité des élites dirigeantes de ce territoire pendant que le peuple se voit privé de beaucoup de ces mêmes droits. Elles ont le droit de circuler partout pendant que ce droit devient une restriction pour la population. Elles créent des emplois bien rémunérés pour ses ressortissants pendant que la population – qui aura à rembourser les dettes laissées par les prestations de ces services – s'enliser dans le chômage. Elles mettent sous contrôle toutes les administrations socio-économiques et deviennent les maîtres à penser de la politique territoriale.

Pour asséner le coup fatal de la destruction, à l'âme populaire, le conquérant recrute des adeptes au sein des natifs du territoire. Comme au temps de l'esclavage, ou le commandeur (le bourreau) des esclaves était toujours un ancien esclave. Il incarne toute la misère, toute la souffrance et toutes les frustrations de son ancien état, de son passé. Il fouette méchamment les esclaves, les maltraite plus durement que son maître. Cette méthode d'application de la théorie des conquêtes, le conquérant la maîtrise bien et l'utilise encore, aujourd'hui. La direction politique et la direction administrative du territoire sont menées par des individus en qui l'occident place sa confiance. Il n'y a pas comme l'arme de la corruption. Le conquérant le sait bien. Et, c'est pourquoi, partout, dans l'administration des territoires conquis il fait appliquer ou encourager la « Loi de Parkinson » qui peut se résumer ainsi : « un fonctionnaire veut multiplier ses subordonnés, non ses rivaux : s'il se trouve surchargé de travail, il ne demandera pas à partager sa tâche avec un nouveau collègue, mais sollicitera le recrutement de deux subordonnés ; ceux-ci, à leur tour, agiront de même, selon un processus continu. »[176]

Allant de subordonné en subordonné, toute l'administration politico-économique du territoire conquis finit par sombrer dans les lacunes et le laxisme. La corruption s'installe comme méthode de gestion et de planification administrative. La population ne bénéficie que de piètres prestations. En effet, les Hommes de confiance du conquérant – chargés de diriger les affaires publiques de l'administration du territoire conquis étant ses esclaves –

[176] M. Gyment, *op.cit.*, p.109.

exécutent à la lettre toute la volonté du conquérant et se permettent de tout, car en contrepartie, il faut laisser piller le territoire, enfoncer le peuple dans la merde jusqu'à son « appauvrissement durable ». Cette sale besogne pour être matérialisée exige aussi le concours de subordonnés au *second degré,* pires que ces Hommes de confiance qui ne sont pas toujours des incompétents, mais qui choisissent d'être des *subordonnés au premier degré.* Cette stratégie de gouverner des élites dirigeantes ne cache pas leur aliénation. Au lieu de s'acculturer à la technologie et à la science appropriées au mode de gestion du capitalisme, elles préfèrent la flibuste c'est-à-dire, elles préfèrent développer leur intelligence pour participer au pillage des ressources du territoire ou à sa vente en morceaux. Elles procèdent ainsi pour faciliter au conquérant l'expropriation des Autochtones qui vont, très tard, comprendre qu'ils sont étrangers parmi des étrangers devenus les nouveaux propriétaires du territoire. La position des élites dirigeantes des sociétés, où l'instabilité politique règne, est à rechercher dans cet état de fait : l'Histoire et la théorie des conquêtes.

Pour dévoyer le civisme et pour masquer l'idée des frontières entre les territoires, le conquérant fait circuler le discours de la mondialisation selon lequel il n'existerait pas de frontières entre les Hommes. En conséquence, nous nous trouvons tous dans un seul et même village : le village planétaire. Au fond le découpage territorial des pays Occidentaux s'accentue au jour le jour au point qu'il est à la base de plusieurs conflits armés dans le monde. Comme ce fut le cas, les Occidentaux ne se sont jamais contentés de la grandeur physique de leur territoire. Ils font toujours en sorte que, toujours, la grandeur réelle de leur territoire dépasse sa grandeur physique. Quand nous parlons de grandeur réelle, nous faisons référence à l'action idéologique, au mode de discours, au type d'images et de symbolismes véhiculés par ces puissants États au-delà de leurs zones de gouvernance. Une grandeur réelle manifeste aussi par leur initiative de voler au secours de leurs citoyens partout où ceux-ci se trouvent en difficulté. Pour sauver la vie d'un de leurs ressortissants en contravention avec la justice d'un État du Sud, ils sont prêts à débourser de fortes sommes. Si cet État fait la sourde oreille, immédiatement la diplomatie de la monnaie cesse pour être remplacée par la diplomatie de la guerre psychologique ou de la vraie guerre. Attenter à la vie d'un de leurs ressortissants c'est mettre en péril le destin de toute une nation ; c'est un crime contre l'humanité. Selon l'occident, la juridiction du territoire de l'assassin – que l'assassin, c'est-à-dire l'auteur de cet attentat, soit un quidam, qu'il soit un potentat – n'est pas compétente pour le juger. Paradoxalement, cette attitude occidentale fait appel à la valorisation de l'Homme en général pas seulement du citoyen occidental. Elle peut faire prendre conscience aux élites dirigeantes de leurs responsabilités par rapport à l'Homme et au citoyen.

Si la territorialité fait partie du civisme et si le territoire renvoie à une vision des peuples enfermés dans des frontières qu'ils considèrent comme leur propriété privée la technologie fait éclater ces frontières. Est-ce pour une jouissance universelle des droits par tous les Hommes ? On s'abstient d'apporter une quelconque réponse. Mais on peut se demander est-ce-que la ruée des *boat people* vers les pays occidentaux qui sont des anciennes puissances coloniales de leurs territoires n'inspire pas le discours des idéologues (occidentaux) à propos de la mondialisation ? En effet, les *boat people* – comme on se plait à les appeler du côté de l'Amérique, ou les clandestins du côté de l'Europe – ont permis de comprendre que les frontières sont imaginaires et leur inviolabilité n'est pas seulement une question de surveillance armée. Ils ne font que pacifiquement réclamer leur part du gâteau. Partager avec nous les richesses du monde, puisque vous vous êtes approprié de tout ! Aujourd'hui, on est totalement dépourvu ; on est dans la misère ! Tel est en filigrane le contenu de leurs revendications. Donc, ils ont eu une vision mondialiste découlant de leurs situations de misère dont les principaux responsables sont les conquérants et les subordonnés, surtout, ceux au premier degré. La capacité de nuisance suffisante de cette misère pousse les clandestins dans la situation à tout imaginer et à tout entreprendre pour s'en débarrasser. Ils ont fui cette misère pour abandonner ce territoire aux élites dirigeantes ; une façon de leur dire qu'elles sont méprisables et détestables. À la base de cette attitude il y a la recherche de meilleures conditions d'existence. Mais cette fuite n'est jamais totale. C'est une fuite stratégique. Et c'est là l'aspect paradoxal. Les clandestins n'acceptent jamais le territoire de l'occident comme leur mère patrie. Une fois qu'ils ont atteint leurs finalités ils considèrent les élites dirigeantes de leurs territoires d'origine comme des éléments négligeables. Ils retournent investir pour créer de l'emploi pour ceux que la mère patrie leur a légués comme frères. La fraternité, tout territoire en a besoin pour sa souveraineté qui ne s'édifie que sur les socles de la solidarité.

Le civisme, diront certains, n'a rien à voir avec cela Une société où les valeurs sont mal définies et où la promotion des valeurs n'est pas faite ne fait qu'envoyer des signaux de détresse à ses ressortissants, naturellement sollicités par d'autres sociétés qui ont besoin de ressources humaines pour leur développement social et économique. Comme par anticipation, le citoyen prévoit le pire en se basant sur des phénomènes conjoncturels et en prenant conscience du caractère exclusif de la société qui le marginalise. De plus au contact du reste de la planète *via* la télévision et l'Internet, il apprend à connaître les modes de vie des citoyens d'autres sociétés et à comparer en termes d'opportunités, les possibilités d'ascension sociale qu'offrent ces sociétés à leurs citoyens. Ce processus d'acculturation fait augmenter encore plus la distance entre ce citoyen et sa patrie ; ou du moins entre ce citoyen et ses élites dirigeantes. En effet, « Beaucoup de personnes, et certainement les jeunes d'aujourd'hui, utilisent différents moyens de communication : Internet, I-Pod ou cellulaire, magnétoscope, ordinateur, vidéo-clips, télécommande, vidéo jeux, etc. [...] Tout cela crée une nouvelle culture, faite de vitesse, d'immédiatisme, d'union à la machine, de vision polyphonique de la réalité qui peut porter au relativisme et mener au nomadisme (Zapping) des valeurs, à une dépendance de haute technologie. Le produit de cette nouveauté est le fossé énorme entre les peuples, un nouveau concept d'autorité morale non liée à la personne, mais à l'instrument. C'est une réalité virtuelle pour laquelle il faut être préparé, avec une capacité de discernement. »[177]Tout compte fait, cela traduit le refus du citoyen de continuer à vivre l'ensemble des frustrations quotidiennes sans voir une lueur de mieux-être collectif, sans éprouver un sentiment de fierté ; sentiment qui ne

[177] « Évangélisation et nouvelles technologies » in *Bulletin Salésien de l'Afrique francophone occidentale*, 4e année, no.8, juin 2009, p.11,

doit pas être interprété sous l'angle d'un patriotisme clos. D'ailleurs, l'idéologie casanière nous dit C. Souffrant n'est plus de mise. Le citoyen, qu'on le veuille ou non, est assujetti à la mutation planétaire qui se caractérise par l'éclatement des nations, par le débordement des patries. (C. Souffrant, 1995,68)

Détrompez-vous, ce qui est écrit dans ce livre n'est pas un plaidoyer. N'ayez crainte, pour choisir de devenir des « antioccidentaux », ni pour d'être des antimondialistes. Au contraire, le texte du livre aurait aimé que les élites dirigeantes des territoires sous-développés, fassent un effort pour valoriser le « valorisable », c'est-à-dire : l'Homme, le citoyen, le territoire, comme le font les occidentaux. Ceux-ci pratiquent une sorte de discrimination positive avec la fuite des cerveaux qu'ils provoquent à travers le choix de la main-d'œuvre qualifiée des territoires qui ne savent que faire de la leur. Cependant, si la mondialisation reste le voile qui cache l'exploitation des peuples par les élites dirigeantes mondiales, tout un chacun est libre de choisir d'être pour ou contre. On ne veut pas dire que les frontières doivent devenir des passoires, sinon le territoire en tant que valeur perdrait, alors, toute sa signification et ce serait aussi donner le feu vert à l'expansion du terrorisme. La terreur des villes est d'ailleurs quasi incontrôlable en raison de l'anonymat qui y règne. Donc, la porosité des frontières ne ferait qu'élargir le champ de la terreur qui paradoxalement s'aggrave sous l'effet de la mondialisation. En effet, parler de mondialisation c'est évoquer indirectement la culture urbaine liée avec l'urbanisation accélérée des territoires. Le défi que pose cette urbanisation en tant que matière à caractère de nuisance suffisante est à l'étude pour être surmonté. C'est dans ce contexte que l'identification de la personne transcende les données alpha numériques pour être renforcée, aujourd'hui, avec les données biométriques de la personne. L'ère de la surveillance des frontières, seulement par des Hommes, est révolue. La vidéosurveillance, aidée de satellites, modifie radicalement la façon de concevoir la gestion de la ville et dans cette lignée, celle des frontières internes au territoire ou supra territoriales. À ce compte, les terroristes ne sont pas les seuls visés. Mais aussi tous ceux qui fuient la misère de leurs territoires conséquence de la mauvaise gouvernance et particulièrement de l'option de leurs élites dirigeantes. Une option qui draine treize causes, à notre avis, avec ses effets et ses conséquences. (voir tableau 5.2). Des effets et conséquences dont sont victimes les populations et qui auraient pu être atténués avec la coopération internationale dans la mesure où – en dépit de tout ce qu'on peut reprocher à cette coopération – elle a été exploitée intelligemment par les élites dirigeantes, à l'avantage du territoire et non pas à l'avantage du plus grand nombre puisque ce dernier, pour avoir vécu pendant longtemps une situation de misère, n'est pas prêt à tolérer des aides qui ne répondent pas à ses préoccupations immédiates.

Et c'est aussi un paradoxe puisque autant de fois que la propension à se désintéresser des projets à moyen et long terme gagne l'esprit des populations autant de fois que la coopération internationale risque de devenir l'affaire d'une frange des élites dirigeantes locales qui s'érigent ou s'improvisent en experts pour détourner les fonds alloués avec la complicité de certains coopérants et rend ainsi endémique la situation misérable des populations.

Tableau 5.2. — Les causalités de l'attitude de certaines élites dirigeantes au regard du territoire

Causes	Effets	Conséquences
Absence de planification sociale et économique	Mauvaise allocation des ressources	Sous développement
Absence de planification spatiale	Mauvaise répartition des ressources	Bidonvilisation, faiblesse de la rente foncière
Absence d'esprit de sacrifice	Individualisme	Scission sociale
Absence d'idéal de grandeur sociale	Mauvaise gouvernance	Fragilité de la souveraineté
Absence de consensus social	Non-respect généralisé	Perte d'identité
Faillite des élites	Dysfonctionnement culturel et social	Détérioration de la conscience collective
Non-respect des normes	Incivilité, non-convivialité	Société anomique
Non-respect du temps	Gaspillage de ressources	Faible productivité

Non-respect des valeurs	Gaspillage de ressources humaines	Retard scientifique et technique, fuite de cerveaux
Fausse échelle de valeurs	Ascension sociale subjective	Aliénation, prévarication, escroquerie, clientélisme
Inadéquation des ressources	Bas revenu *per capita*	Désintéressement à la chose publique, exclusion, marginalisation
Non-promotion des valeurs	Déchéance sociale	Arrogance de la médiocrité, sous-développement, fuite de cerveaux
Faiblesse des lieux de socialisation	Comportement déviant et/ou anomique	Violence physique, impuissance de l'État, invasion du territoire par des organismes compétents aloi.

Source : Autoréflexion.

Il ne saurait être possible dans le cadre de ce livre d'analyser les causalités d'une telle option. Toutefois, synthétiquement, le tableau 5.2 permet de se faire une idée du mal dans lequel peut tomber toute une société en raison de l'inconséquence de certaines élites dirigeantes des États non occidentaux.

Normalement, plus l'urbanisation d'un territoire n'est pas planifiée plus ses nantis et ses élites dirigeantes s'éloignent progressivement de la modernité, plus ils sont incapables de gérer le territoire, plus ils sont incapables de créer et de donner l'emploi, plus le lendemain du citoyen est incertain et plus le territoire est vulnérable à toute forme de culture prédatrice. Une telle hypothèse est à vérifier. Mais il faut reconnaître que la gestion d'un État passe par la gestion de ses institutions. Donc, ces dernières doivent être existantes et fonctionnelles. La dégénérescence d'une société et de son territoire est la conséquence du dysfonctionnement de ses institutions. Plusieurs causes sont à la base de ce dysfonctionnement comme le laisse entrevoir le tableau 5.2. Les Occidentaux en sont conscients, et c'est pourquoi ils ont mis toute une technologie et toute une science appropriées au profit de l'ensemble des institutions de socialisation de leurs populations. Tout cela se réalise en guise de prévision pour pouvoir, en tout temps et en tous lieux colmater les brèches institutionnelles et venir à bout des causes occasionnelles qui peuvent créer la méfiance du citoyen envers son territoire (sa mère patrie) jusqu'à vouloir l'abandonner ou le trahir.

En effet, rares sont les citoyens occidentaux qui choisissent un territoire du Sud comme seconde patrie. S'ils chantent la beauté du Sud, c'est : pour certains, pour faire du tourisme et pour d'autres pour trouver un marché afin d'écouler leurs produits. Ils y résident souvent et pendant longtemps sans chercher à se naturaliser, car la citoyenneté d'une nation non occidentale ne présente aucune garantie tant au point de vue du droit international que du droit socio-sanitaire.

CONCLUSION DE LA TROISIEME PARTIE

Le civisme est une idéologie qui prend corps au fil du temps avec les inégalités sociales qui sont apparues, vraisemblablement, avec l'avènement du patriarcat. Il est le résultat de l'interaction humaine ; c'est-à-dire de l'action de l'Homme, qui cherche toujours à s'adapter, aux vicissitudes de la nature lesquelles ne lui sont pas toujours clémentes. L'Homme a dû faire face à la sauvagerie des animaux et à la violence des intempéries par rapport auxquelles il devait apporter une réponse allant dans le sens : soit de se débarrasser du danger soit de se laisser absorber par ces vicissitudes pour comprendre les phénomènes en question et pour pouvoir se les approprier plus tard. Tel est le contexte dans lequel l'humanité pendant tout le temps de son existence va cheminer. L'outil fut le premier élément de réponse. L'interaction à ce niveau devient paradoxale car la réponse à cette sauvagerie et cette violence, réclame de la part de l'Homme deux attitudes contradictoires pour une même finalité : le bien-être collectif. L'Homme va dans sa démarche réduire la nature à sa convenance. De la pierre taillée à l'informatique, cette finalité reste la même. Mais, dès la sédentarisation, la tendance à la propriété privée se dessine.

L'outil – œuvre de l'interaction humaine, instrument de transformation de la matière, résultat de réflexions collectives – devient la propriété privée d'un individu. Dès lors, l'humanité se met à glisser lentement vers le désordre de la guerre d'appropriation et d'expropriation. La terre, les outils, la force de travail, etc. tout cela suscite la convoitise d'un groupe d'individus ; un groupe qui veut se les approprier au détriment d'un autre groupe. Désormais, les rapports de force entrent en ligne de compte. À côté des outils de production de biens et de services, l'Homme doit aussi produire des outils à tuer, puisque les autochtones ou les premiers occupants doivent être systématiquement liquidés, si l'on doit les déposséder de leurs terres ou de n'importe quelles autres richesses de l'espace environnant. Ensuite, le conquérant fait son entrée dans l'Histoire de l'humanité. Ni le créationnisme ni l'évolutionnisme ne sont prêts à affirmer le contraire. La théorie des conquêtes est venue, tracer la voie à suivre pour arriver à la violence interétatique. Des États se sont arrogé le droit d'annexer des territoires d'autres États en quête de richesses et de valeurs. L'intolérable gagne des consciences humaines qui décideront d'opposer la violence à la violence et en conséquence d'aguerrir l'âme populaire. Le civisme est né, de ce contexte, en tant qu'idéologie de valorisation du territoire, de l'Homme et du citoyen. La production sera au cœur de cette idéologie, car le citoyen pour être aguerri doit être pris en charge par la société dont la structure lui permet d'avoir un emploi décent et la possibilité d'accéder à l'éducation, à la santé, aux loisirs en d'autres termes à tout ce qui peut contribuer à son bonheur, à son ascension sociale et à sa dignité d'Homme.

Donc, c'est en réaction à l'idéologie du colonialisme que l'idéologie du civisme est créée. Il n'est pas le fruit du hasard. Les idées conquérantes, par leur capacité de nuisance suffisante, n'ont pas laissé les peuples des territoires conquis indifférents. Ils ont développé face à ces idées conquérantes des idées de résistance. L'affrontement de ces idées a fini par faire du civisme une idéologie à doubles effets : a) des effets tolérables qui tendent vers l'universalisme et l'harmonisation entre les sociétés et les Hommes et b) des effets pervers qui tendent à diviser les Hommes et les sociétés. Le civisme conquérant s'affronte désormais au civisme de résistance des peuples. De part et d'autre, le patriotisme et le nationalisme sont prêchés, mais sur fond de violence. Paradoxalement, la violence du conquérant est médiatisée comme une violence légale et la violence des peuples des territoires conquis comme de la barbarie ; c'est-à-dire une violence qui n'a pas de raison d'être. Et toute la conscience collective se laisse enrober par cette logique médiatisée. Pourtant, la cruauté du conquérant est toujours à sens unique. Elle déshumanise au point de banaliser la vie des Hommes ou des citoyens des territoires conquis. Pour de tels Hommes ou de tels citoyens, la vie n'a plus de prix ; la mort leur est égale. Toute la force du terrorisme mondial puise sa source dans cette forme de médiatisation qui – paradoxalement avec la mondialisation grâce aux nouvelles technologies de la communication – laisse apparaître le double visage du conquérant.

Il attaque le territoire étranger et l'annexe en y établissant sa colonie de peuplement que sa population éduquée au patriotisme et au nationalisme aide à concrétiser le plus vite possible. Ce peuple est toujours prêt à aller peupler le territoire annexé. Cela permet non seulement d'étendre la grandeur physique de son territoire d'origine, mais aussi et surtout, cela offre l'opportunité à ses élites dirigeantes, à son État, d'implanter les idéologies qui sous-tendent le colonialisme dans l'âme des peuples du territoire conquis. Il contribue aussi, par ce comportement, à augmenter la grandeur réelle de son territoire. C'est le témoignage probant des résultats de l'instruction, de l'éducation et du service civiques des peuples des pays conquérants. Le civisme occidental n'est pas un vain mot. Les idéologues occidentaux s'inspirent à la fois de l'essentiel des paradigmes qui leur semblent en adéquation aux démarches conquérantes. Donc, le civisme est un construit idéologique : une culture politique et une culture administrative. Culture dans le sens des actions menées pour organiser l'existence sociale de l'Homme et plus amplement la vie sociale. « Le gouvernement d'une société implique toujours, et partout, cette double forme d'action. En conséquence, les systèmes politiques ne se distinguent que dans la mesure où ils varient dans le degré de différenciation et le mode d'association de ces deux ordres d'action. »[178]

Le civisme donne naissance au citoyen qui est un sujet de droit, c'est-à-dire un sujet fait pour évoluer au rythme des normes et principes qui régissent le bon fonctionnement de la société au profit de la souveraineté territoriale. C'est une affaire de choix des élites dirigeantes. Comment conçoivent-elles la société ? Que représente la production ? Que signifient compétences et talents ? Comment sont créées les valeurs ? Quelle est la valeur des valeurs ? La compétition entre les élites dirigeantes se joue autour de ces questions. En d'autres termes, c'est sur ce terrain-là que chaque élite dirigeante a à faire se preuves. C'est là que chaque élite fera la démonstration de sa gestion, de sa capacité à

---

[178] G. Balandier, op. cit. p.36

gouverner, de sa capacité à faire de son territoire, de sa société, de son peuple et de ses citoyens des éléments dignes d'éloges et de respect.

En d'autres termes, il faut partir du civisme comme élément d'analyse prospective pour non seulement projeter le type de citoyen de demain, mais aussi pour construire le territoire dans tous les aspects inhérents d'abord à l'équilibre social et, ensuite à la dignité et au bien-être de la population. Le civisme ne peut pas seulement être observé avec un esprit de superstructure. L'esprit d'infrastructure est aussi indispensable pour donner la force nécessaire au civisme comme étant une idéologie. Cela signifie que la force de l'idéologie ne réside pas seulement dans son symbolisme, mais beaucoup plus encore dans son symbole ; c'est-à-dire dans la représentation matérielle qui se dilue dans le vécu quotidien du peuple. Voilà le prix à payer par les élites dirigeantes pour prétendre parler de citoyenneté, qui est un mode de société pour un mode de vie.

En effet, la citoyenneté est le produit idéologique et mythologique d'un mode de société. De ce point de vue, elle est censée être un dérivé des outils d'opérationnalité du civisme, qui charrie tous les éléments de la superstructure véhiculés par le contrôle social et les instances de socialisation. Elle prend corps dans la quête de l'ordre et de la solidarité des différentes couches sociales qui partagent un même espace territorial en dépit de leurs différences de castes et surtout de classes. Elle définit une vision commune et consensuelle d'un mode de comportement au respect des normes établies envers et contre tous : la discipline. Elle intègre la culture en raison du fait qu'elle permet l'identification du « Nous » à partir du « Moi ». Elle caractérise ainsi la et/ou notre seconde nature de peuple : notre âme qui nous rend sensible et compatissant et qui nous fait, par exemple, exulter de joie ; quand la sélection nationale score aux dépens d'une autre sélection. Dans ce contexte, la citoyenneté est à la fois une catégorie sociologique, mais aussi anthropologique, politique et psychologique.

En matière territoriale, la citoyenneté est indivisible ; cela signifie que les dichotomies : ville/campagne, préfecture/sous-préfecture, commune/section communale, quartier/village/

campement, centre/périphérie, paysans/citadins, Noirs/Blancs/ Métis, etc., constituent un tout dans un rapport dialectique de production économique et par extension de reproduction sociale. La « citoyenneté durable » est une conquête à laquelle doit aspirer tout État soucieux du destin de son peuple. Grâce à la science et à la technologie, atteindre aujourd'hui l'autre bout de la planète est une question d'heures si l'on se réfère au supersonique à l'instar des aéronefs. Mais, une question de seconde si l'on regarde, surtout, du côté de l'Internet. Voyager devient une réalité virtuelle.

L'Homme se retrouve sur toutes les frontières à la fois. Le peuple apprend à connaître le mode de vie des autres peuples. Les chefs d'État les plus efficaces sont connus et appréciés et les peuples du monde entier les acclament, tout en souhaitant avoir pour dirigeants des Hommes doués de compétences similaires à celles de ces chefs d'État. La mondialisation se réalise ainsi, envers et contre tous. Elle s'impose. Il suffit de s'y embarquer. La citoyenneté dès lors cesse d'être circonscrite au seul espace du territoire national pour devenir planétaire : une citoyenneté respectueuse des normes scientifiques et environnementales ; respectueuse des droits de la personne et des lois de la production et de l'échange. Ainsi, la notion de citoyen à double nationalité est révolue avec la mondialisation. Cependant, quoi qu'on fasse ou quoi qu'on dise, le citoyen aura toujours à s'identifier par rapport à sa culture édifiée sur un territoire construit à partir de la vision paradigmatique d'une catégorie d'Hommes de toutes les générations qui, continuellement, n'ont pas hésité à affronter les violences physiques et symboliques pour forger une idéologie apte à assurer la sauvegarde de la grandeur physique du territoire, capable d'augmenter sa grandeur sociale quand bien même sa grandeur réelle resterait égale à sa grandeur physique. Cette idéologie est bien entendu le civisme dont l'une des composantes de base est la civilité qui est l'expression d'un mode de convivialité entre les Hommes.

BIBLIOGRAPHIE

Abélès Marc, 1990. *Anthropologie de l'État*. Paris : Armand Colin.

Ansart Pierre, 1990. *Les sociologies contemporaines*. Paris : Seuil.

Balandier Georges, 1967. *Anthropologie politique*. Paris : Presses universitaires de France.

Barrouhi Abdelaziz, 2009. « Tunisie-France (Émigration choisie, mode d'emploi) », *Jeune Afrique*. 2 au 8 aout 2009, n° 2534 : 44-47

Bazin Damien, juin 2003. *La rente foncière comme cas particulier de la relation entre la nature et l'économie : Approche historique et thématique*, thèse de doctorat. France : Université de Versailles Saint-Quentin-en-Yvelines.

Bormans Christophe, 2002. *L'indispensable de la pensée économique*. France : Jeunes Éditions-Studyrama.

Bremon J. et Geledan A, 2000. *Dictionnaire des sciences économiques et sociales*. Paris : Berlin.

« Évangélisation et nouvelles technologies », in *Bulletin Salésien de l'Afrique francophone occidentale*, 4e année, no.8, juin 2009, pp.8-11,

Cahuc Pierre, 1998. *La nouvelle microéconomie*. Paris : Éditions La Découverte & Syros.

Condorcet, 1790. « Essai sur l'admission des femmes au droit de cité, » in PAULE-MARIE DUHET. « *Las Mujeres y la Revolución Barcelona*, » 1974 Ed. Península. A : http://www.historiasiglo20.org/

Durkheim Émile, 1937. *Les règles de la méthode sociologique*. Paris, PUF.

Doubinine N., Karpiets I., V. Koudriavtsev, 1985. *Génétique, comportement, délinquance (de la nature des actes antisociaux et des moyens de les prévenir)*. Moscou : Éditions du progrès.

Engels Friedrich, 1979. *L'origine de la famille de la propriété privée et de l'État.* Paris : Éditions sociales.

Ferréol G. et Noreck J-P., 1996. *Introduction à la sociologie.* Paris : Armand Colin/Masson.

Gandini Jean-Jacques, 2007. *Les droits de l'Homme.* Allemagne : Librio.

Guerrien Bernard, et Benicourt Emmanuelle, 2008. *La théorie économique néoclassique (Microéconomie, macroéconomie et théorie de jeux).* Paris : Éditions La Découverte.

Gyment Michel, 1979. *Dictionnaire des lois, effets et principes économiques*. Paris : Éditions Cujas.

Habermas Jürgen, 1973. *La technique et la science comme « idéologie »*. Paris : Édition Gallimard.

Hobbes Thomas, 1642. *Le citoyen ou les fondements de la politique (DE CIVE*), Document produit en version numérique par Jean-MarieTremblay, Courriel:jmt_sociologue@videotron.ca Site web : http://pages.infinit.net/sociojmt. Traduit de l'anglais en 1649 par Samuel Sorbière, secrétaire de Thomas Hobbes.

Jiménez Ximenas, 2008. *Perspectives de genre dans les opérations de maintien de la paix des Nations-Unies*, s. l.

LA BIBLE DE JÉRUSALEM, 1995. Les éditions du CERF/Verbum Bible, s. l.

Louis Segond, s.d. *LA SAINTE BIBLE.* Corée : Alliance biblique universelle.

Machiavel Nicolas, 2007. *Le Prince.* Allemagne : Librio.

Machiavel Nicolas, 1991. *L'art de la guerre.* Paris : Flammarion.

Malinowski Bronislaw, 1970. *Une théorie scientifique de la culture.* Paris : Éditions Maspero.

Mars Jean-Price, 1976. *La vocation de l'élite.* Port-au-Prince : Ateliers Fardin.

Marx Karl et Engels Friedrich, 1968. *L'idéologie allemande.* Paris : Éditions sociales.

Montesquieu, 1979. *De l'esprit des lois I.* France : Garnier-Flammarion.

Montesquieu, 1979. *De l'esprit des lois II.* France : Garnier-Flammarion.

Mouchot Claude, 2003. *Méthodologie économique.* Paris : Éditions du seuil.

Nikitine P., 1985. *Précis d'économie politique.* Moscou : Éditions du progrès.

Piaget Jean, 1965. *Études sociologiques.* Genèvre : Librairie Droz.

Platon, 2004. *La République.* Paris : Flammarion.

Polèse Mario, 1994. *Économie urbaine et régionale (Logique spatiale de mutations économiques).* Paris : Économica.

Rémy Jean et Voyé Liliane., 1981. *Ville ordre et violence.* Paris : PUF.

Rocher Guy, 1968. *Introduction à la sociologie générale (l'action sociale).* Montréal : Éditions HMM. t.1

Rocher Guy, 1968. *Introduction à la sociologie générale (L'organisation sociale).* Montréal : Éditions HMH. t.2

Rousseau Jean-Jacques, 2006. *De l'inégalité parmi les Hommes*. Allemagne : Librio.

Salvandy Narcisse-Achille de, 1817. *La coalition de la France*. Philadelphie : S.E.

Sertima Ivan Van, 1981. *Ils y étaient avant Christophe Colomb*, France : Flammarion.

Souffrant Claude, 1995. Sociologie prospective d'Haïti. Canada : CIDICA.

Tellier Luc-Normand., 1994. *Méthodes d'évaluation des projets publics*. Québec : Presses de l'Université du Québec.

Terré François, 2000. *Introduction générale au droit*. Paris : Dalloz.

Touraine Alain, 1974. *Pour la sociologie*. Paris : Éditions du seuil.

Weber Max, 1964. *L'éthique protestante et l'esprit du capitalisme*. Paris : Plon.

Web site : http://www.google.com/

TABLE DES MATIERES

AVANT-PROPOS 7

PREMIERE PARTIE : LE CIVISME DANS LA FONDATION DE LA SOCIETE 13

CHAPITRE I. — INTERACTION HUMAINE DANS LA CONCEPTION DU CIVISME 15
1.1. — Interaction humaine : la « pierre angulaire » des valeurs sociales 15
1.2. — Interaction humaine et les paradigmes création et évolution 20
1.2.1. — Interaction humaine au vu du paradigme création 22
1.2.2. — Interaction humaine au vu du paradigme évolution 24
1.2.3. — Création ou évolution : une lecture similaire de la production 26
i. — Une lecture créationniste de la production 28
ii. — La lecture matérialiste de la production 30
1.3. — L'interaction humaine : un paradoxe générateur de valeurs 31

CHAPITRE II. — LE TRAVAIL : LA PIERRE INTERCALAIRE DANS LA FONDATION DU CIVISME 37
2.1. — Le travail : instrument d'interaction Homme/nature 37
2.1.1. — Le travail : l'instrument de création des valeurs 37
2.1.2. — Le travail : créateur de l'outil 40
2.1.3. — Le travail au concours du statut social 43
2.2. — Le travail : source de valeurs humaines universelles 47
2.3. — Le travail prometteur de la valeur du talent 54
2.4. — Le travail : l'instrument d'ascension sociale 57

CONCLUSION 61

DEUXIEME PARTIE : LE CIVISME : UN PILIER CENTRAL DE L'ÉDIFICE SOCIAL 63

CHAPITRE III. — LA CHARPENTE DU CIVISME : UN MOULE À LA FORMATION SOCIALE 65
3.1. — Les constituants de la charpente du civisme 65
3.1.1. — Le champ contextuel du civisme 66
3.1.2. — L'engagement des élites dirigeantes occidentales 71
3.1.3. — Des lieux représentatifs du territoire 75
3.2. — L'ossature du civisme 78
3.2.1. — Le cadre social 79
3.2.2. — Le citoyen à travers le cadre social 82
3.2.3. — Le territoire : espace d'implantation du citoyen 87
3.2.3.1. — La terre selon l'école physiocratique et la théorie des conquêtes 92
a) — Physiocrates et mercantilistes 92
b) — La théorie des conquêtes 99
c) — Le principe de la double conquête 105
3.2.3.2. — Les obligations : un modus vivendi inter citoyen 111
a) — Des droits de l'Homme au regard du patriarcat 115
b) — La femmes et les droits de l'Homme 118
3.2.3. — Le paradoxe du respect et du non-respect des lois 124

CHAPITRE IV. — LES AGRÉGATS DE CONSOLIDATION DU CIVISME 133
4.1. — Le statut de la société civile 134
4.2. — Typologie des institutions de socialisation 138
4.2.1. — Première classification 138
4.2.1.1. — Les institutions Forces 138
4.2.1.2. — Les institutions Auxiliaires 139
4.2.2. — Deuxième classification 140
4.2.2.1. — Les institutions et leurs lieux de socialisation 142
4.2.2.2. — Pour un indice de socialisation des institutions 144
4.2.2.3. — La nature spécifique des institutions 145
a) — L'institution de production des valeurs 145
b) — L'institution de régulation des valeurs 145
c) — L'institution de contrainte au respect des valeurs 146
d) — L'institution de promotion des valeurs 146
e) — L'institution de transmission des valeurs 146

f) — L'institution de contrôle des valeurs 1478
4.3. — Espaces d'impact des lieux de socialisation 148
4.4. — Les outils d'opérationnalité du civisme 152
4.4.1. — L'instruction civique 153
4.4.2. — L'éducation civique 154
4.4.3. — Le service civique 158
4.5. — Les manifestations du civisme 160
4.5.1. — Les manifestations à effets tolérables 160
4.5.1.1. — Le patriotisme 161
4.5.1.2. — Le nationalisme 162
4.5.1.3. — Le conformisme 163
4.5.1.4. — La civilité 164
4.5.2. — Les manifestations à effets pervers 166
4.5.2.1. — Le fanatisme 166
4.5.2.2. — La xénophobie 168
4.5.2.3. — Le chauvinisme 170
4.6. — La personnalité humaine 171

CONCLUSION 175

TROISIEME PARTIE : LA TECHNIQUE ET
LA SCIENCE DANS LE CIVISME OCCIDENTAL 179

CHAPITRE V. — LE CIVISME OCCIDENTAL : UN OUTIL
D'ACCULTURATION 181

CONCLUSION 197

BIBLIOGRAPHIE 203

L'HARMATTAN, ITALIA
Via Degli Artisti 15 ; 10124 Torino

L'HARMATTAN HONGRIE
Könyvesbolt ; Kossuth L. u. 14-16
1053 Budapest

L'HARMATTAN BURKINA FASO
Rue 15.167 Route du Pô Patte d'oie
12 BP 226 Ouagadougou 12
(00226) 76 59 79 86

ESPACE L'HARMATTAN KINSHASA
Faculté des Sciences Sociales,
Politiques et Administratives
BP243, KIN XI ; Université de Kinshasa

L'HARMATTAN GUINEE
Almamya Rue KA 028 en face du restaurant le cèdre
OKB agency BP 3470 Conakry
(00224) 60 20 85 08
harmattanguinee@yahoo.fr

L'HARMATTAN COTE D'IVOIRE
M. Etien N'dah Ahmon
Résidence Karl / cité des arts
Abidjan-Cocody 03 BP 1588 Abidjan 03
(00225) 05 77 87 31

L'HARMATTAN MAURITANIE
Espace El Kettab du livre francophone
N° 472 avenue Palais des Congrès
BP 316 Nouakchott
(00222) 63 25 980

L'HARMATTAN CAMEROUN
Immeuble Olympia face à la Camair
BP 11486 Yaoundé
(237) 458.67.00/976.61.66
harmattancam@yahoo.fr

L'HARMATTAN SÉNÉGAL
« Villa Rose », rue de Diourbel X G, Point E
BP 45034 Dakar FANN
(00221) 33 825 98 58 / 77 242 25 08
senharmattan@gmail.com

www.ingramcontent.com/pod-product-compliance
Lightning Source LLC
LaVergne TN
LVHW010929061026
849535LV00007B/2316
* 9 7 8 2 2 9 6 1 3 9 1 7 6 *